燕鸣经管学术前沿系列丛书

复杂社会网络信息传播 突变模型与调控研究

苏妍嫄 刘海鸥 张亚明 ◎ 著

中国财经出版传媒集团

经济科学出版社

Economic Science Press

·北 京·

图书在版编目（CIP）数据

复杂社会网络信息传播突变模型与调控研究／苏妍嫄，刘海鸥，张亚明著. -- 北京：经济科学出版社，2024. 12. -- ISBN 978 - 7 - 5218 - 6588 - 2

Ⅰ. G206. 2

中国国家版本馆 CIP 数据核字第 2024R4G953 号

责任编辑：梁含依　胡成洁
责任校对：齐　杰
责任印制：范　艳

复杂社会网络信息传播突变模型与调控研究
FUZA SHEHUI WANGLUO XINXI CHUANBO TUBIAN
MOXING YU TIAOKONG YANJIU
苏妍嫄　刘海鸥　张亚明　著
经济科学出版社出版、发行　新华书店经销
社址：北京市海淀区阜成路甲 28 号　邮编：100142
经管中心电话：010 - 88191335　发行部电话：010 - 88191522
网址：www. esp. com. cn
电子邮箱：espcxy@ 126. com
天猫网店：经济科学出版社旗舰店
网址：http：//jjkxcbs. tmall. com
北京季蜂印刷有限公司印装
710 × 1000　16 开　11. 5 印张　240000 字
2024 年 12 月第 1 版　2024 年 12 月第 1 次印刷
ISBN 978 - 7 - 5218 - 6588 - 2　定价：52. 00 元
（图书出现印装问题，本社负责调换。电话：010 - 88191545）
（版权所有　侵权必究　打击盗版　举报热线：010 - 88191661
QQ：2242791300　营销中心电话：010 - 88191537
电子邮箱：dbts@ esp. com. cn）

　　本著作是国家自然科学基金"重大疫情跨场域耦合的网络舆情非常规突变模型与异步调控算法研究"（项目编号：72101227）、国家社会科学基金"涉华'信息疫情'跨域形成机理及国际舆论应对策略研究"（项目编号：22BXW038）、河北省自然科学基金"重大突发事件多风险交互的网络舆论极化模型与跨模态预警研究"（项目编号：G2024203001）、河北省自然科学基金"基于人工智能的精准国际传播机理与效果测度研究"（项目编号：G2024203024）、河北省社会科学发展研究课题"AIGC 情境下复杂社会网络信息生态失序机制与协同治理策略研究"（项目编号：202403119）、河北省高等学校人文社会科学重点研究基地项目"数字赋能基层应急韧性管理体系构建与效能提升路径研究"（项目编号：JJ2303）、燕山大学经济管理学院学术著作出版资助的研究成果。

前言
Preface

移动智能终端的快速普及和在线社会网络井喷式增长为人们共享信息提供了便利，当信息内容涉及社会热点等问题时，会催生出复杂的社会网络舆论场，形成突变并持续演化，甚至引发突发事件以及连锁反应，给社会和谐稳定和国家安全带来威胁。因此，挖掘复杂社会网络信息传播突变规律成为亟待解决的重大科学问题。

本著作以复杂社会网络信息传播突变建模为关注点，以信息传播调控引导为落脚点，综合运用社会网络分析、动力学建模等方法，系统分析复杂社会网络信息传播突变与调控问题。首先，基于信息生态系统理论，剖析"环境—主体—内容"多要素扰动的复杂社会网络信息传播突变形成机制，构建动力学模型，揭示外在事件、公众风险感知交叉演变、异质信息非对称强化下复杂社会网络信息传播突变规律。其次，考虑超级传播机制、时变效应等对信息传播调控过程的影响，构建复杂社会网络信息传播突变同步与异步调控模型，为政府有关部门有效引导信息传播提供指导。最后，设计复杂社会网络信息传播调控效果极大化算法，并提出协同引导策略。

研究结果表明，复杂社会网络信息传播突变过程受到外在事件、公众风险感知交叉演变、异质信息非对称强化等信息生态系统"环境—主体—内容"三要素的组合影响。超级传播机制、调控滞后性与信息时效性是影响信息传播突变调控过程的重要因素。采用考虑局部相对强度的 LRS 算法选取多个初始重要传播者能够较好实现复杂社会网络信息传播突变调控效果极大化。研究结果启示政府有关部门应充分挖掘并循环处理开源大数据，通过 O2O 跨时空联动引导、组建多元主体跨界耦合治理联盟，变被动应对为主动引导，不断强信心、暖人心、聚民心、筑同心，形成共识，并警惕国际舆论风险，营造清朗的舆论生态环境，重塑大国形象与公信力，全面打赢复杂社会网络信息传播引导治理攻坚战。

目　录
Contents

第1章 绪　　论

1.1　研究背景和意义

1.1.1　研究背景

互联网时代的快速发展以及信息技术的长足进步，使得人们生活水平不断提高，我国正在步入智能化时代。2024 年 8 月，中国互联网络信息中心（CNNIC）发布第 54 次《中国互联网络发展状况统计报告》，指出截至 2024 年 6 月，我国网民规模近 11 亿人，互联网普及率达 78.0%。① 互联网的高开放度和强互动性使普通网民获得了较大的知情权与话语权，真正实现了足不出户便知晓天下事。特别是近年来，智能手机的快速普及和自媒体平台的飞速发展及更新迭代，给人们提供了更为便捷的交流方式，网民可以通过在线社会网络随时随地表达情感、态度、意见、观点，从根本上颠覆了人们获取信息和传播信息的方式与途径，为大众提供了充分表达的空间。

然而需要注意的是，自媒体和移动智能终端的快速发展，也使得具有传播速度快、表达便捷、影响广泛、易于互动等特点的网络舆情朝移动化、即时化、可视化趋势发展，并产生了不容忽视的社会效果，成为现实社会的晴雨表，时刻反映着当前社会的和谐稳定程度。尤其在世界百年未有之大变局加速演进的背景下，各类重大突发事件多发、频发、广发、重发，致使多类风险交织交错，给人类经济社会发展带来严重影响。置身共情共振中的公众常常借助社会网络平台发表观点、搜集并转发各种信息，甚至包括海量谣言、虚假信息、阴谋论等不实信息（苏妍嫄、刘海鸥、张亚明，2021），致使舆论海啸接

---

① 中国互联网络信息中心. 第 54 次《中国互联网络发展状况统计报告》［R/OL］. https：//
www. cnnic. net. cn/n4/2024/0829/c88 – 11065. html.

踵而至，并反复触发公众的敏感神经，形成突变，催生出重大突发事件应对的"第二战场"，给国家安全体系和能力现代化建设带来极大挑战。因此，深入探索复杂社会网络信息传播突变机制与应对方法，有效应对网络空间中的"言症风暴"，图之于未萌，虑之于未有，进而有的放矢地开展信息传播引导和治理工作，营造良好的舆论生态环境，巩固壮大主流思想舆论，维护国家意识形态安全成为推进中国式现代化建设进程中亟待研究的重大课题。

1.1.2　研究意义

本著作致力于探索复杂社会网络信息传播突变与调控机理，完善复杂社会网络信息传播突变与调控研究体系，拓展复杂社会网络信息传播引导方法。研究成果对营造网络空间良好舆论生态环境、维护国家安全和社会稳定具有重要意义。

1. 理论意义

（1）设计了复杂社会网络信息传播突变与调控引导研究基本框架与理论体系。本著作结合复杂社会网络信息传播突变过程中外在事件驱动、公众风险感知交叉演变、异质信息非对称强化、超级传播、时变效应等特征，剖析了信息传播突变与引导机制，构建了动力学模型，并提出调控效果极大化算法，搭建起复杂社会网络信息传播突变与调控引导研究基本框架与理论体系。

（2）揭示了"环境—主体—内容"多要素多重扰动的复杂社会网络信息传播突变规律。本著作分别围绕信息环境因子、信息主体因子、信息内容因子，剖析了多要素多重扰动的复杂社会网络信息传播突变形成机制，构建了事件"强度—时间—空间"并行驱动、公众风险感知交叉演变、异质信息非对称强化影响下的信息传播突变动力学模型，揭示了复杂社会网络信息传播突变规律。

（3）拓展了复杂社会网络信息突变引发衍生危害大规模爆发性风险的应急管理科学研究。本著作建立了考虑超级传播机制与时变效应的复杂社会网络信息传播突变调控干预模型，设计了考虑局部相对强度的调控效果极大化算法，为净化网络空间环境指明了方向，为政府和社会有效引导网络空间信息传播提供了科学方法论指导。

2. 现实意义

（1）有效降低了复杂社会网络空间海量信息突变演化导致的潜在次生衍生危害大规模爆发的风险。信息传播突变常常发生在民众心理极其脆弱和信息不对称的条件下，如引导不当极易造成无法挽回的后果。通过加强对复杂社会网络信息传播突变规律的认识，有针对性地采取科学方法疏解应对，可有效减少复杂社会网络中信息传播所引发的组织重大危机、社会动荡和国家政治安全风险。

（2）提升各级政府和组织有效应对社会管理过程中"言症风暴"的能力。通过建立考虑超级传播机制与时变效应的复杂社会网络信息传播突变调控干预模型，为复杂社会网络信息传播突变调控提供科学支撑，以期有效提升信息传播突变的应对能力，确保国家安全与社会和谐稳定。

（3）有利于营造风清气正的网络空间信息传播生态环境，提升政府和各级组织的公信力。复杂社会网络信息大规模传播扩散突变对公众的态度、信念、行为产生重大而深远的影响，甚至有引发潜在衍生危害大规模爆发的风险。本著作有助于加深对复杂社会网络信息突变的规律性认识，做到提早预防和有效引导，尽可能地净化网络空间生态环境，提升各级政府和组织的公信力及国家互联网形象。

1.2　国内外研究现状

1.2.1　复杂社会网络信息传播突变与调控研究思路综述

近年来，随着信息技术的飞速发展与智能化时代的到来，信息生态系统环境发生了深刻变革，复杂社会网络信息传播突变相关研究数量总体呈上升趋势。纵观国内外相关文献，学者普遍将复杂社会网络信息传播突变系统视为复杂信息生态系统，并将个体抽象为节点，将个体之间的关系抽象为边，进而基于复杂网络理论构建多元动力学模型，以期探索复杂社会网络信息传播突变系统内部复杂的相互作用过程。

为了深入研究复杂社会网络信息传播突变与调控问题，分别从网络空间信息传播突变主体行为特征、影响因素、观点生成涌现、传播扩散机制、突变干预五个方面进行综述。第一，分析信息传播突变主体行为特征及内在机理，揭示复杂社会网络空间公众传播行为统计规律。第二，分析信息传播突变过程内外部影响因素，解析复杂系统因果关系。第三，分析信息传播突变生成涌现过程，剖析复杂社会网络与个体认知偏差影响下的异质观点演化机理。第四，探究信息传播突变动力学模型构建方法，从信息、环境、主体三个维度揭示复杂社会网络信息传播突变规律。第五，从信息人、信息内容、传播环境三个方面综述复杂社会网络信息传播突变调控关键信息人识别算法、内在干预机理以及引导路径。

1.2.2　复杂社会网络信息传播突变行为动力学分析

探索高度复杂的人类行为，分析用户行为模式和规律是复杂社会网络信息传播突变研究的核心议题（Centola D，2010；Gernat T et al.，2018）。人类行为动力学基于客观数据探索行为统计特征规律，并据此构建动力学模型模拟预测人类行为，为分析复杂社会网络信息传播突变主体行为提供了新的研究范式。目前，国内外学者主要围绕两条主线开展研究。一方面，一些学者侧重于对用户行为时间间隔的幂律分布、重尾分布等统计特征进行研究；另一方面，一些学者侧重于围绕度分布、关系强度等复杂社会网络拓扑结构以及用户偏好对人类非泊松行为动力学机制进行探索。为此，本节立足人类行为动力学视角，从上述两方面对复杂社会网络用户行为特征进行探讨，并对内在机理进行分析，以期揭示复杂社会网络信息传播突变行为统计规律。

1. 网络用户传播行为幂律分布统计特征挖掘

分析连续行为时间间隔分布，抽取复杂社会网络信息发布、评论和转发行为特征，是探究智媒时代复杂社会网络用户突变行为的重要途径。2005 年，A. L. 巴拉巴西（Barabási A L，2005）发现了人类收发电子邮件和书信的时间间隔具有非泊松分布特征，开创了"人类动力学"研究新方向。随后，学者们进行了关于移动通信、网页浏览、在线点播等行为的时间间隔统计分析，也发现了类似的幂律分布规律（闫小勇，2011）。例如，有学者针对手机用户发送短信的统计结果表明，不论是个体层面（Hong W et al.，2009）还是群体层面（Zhao Z D et al.，2011），发送短信的时间间隔都服从幂律分布，并且连续两次对话之间的间隔时间和对话长度也服从幂律分布。赵庚升等（2009）对用户网页浏览行为的时间间隔进行统计分析，发现无论是个体还是群体，浏览网页的时间间隔分布都服从幂律分布，且幂指数介于 2 ~ 3。吴晔等（Wu Y et al.，2010）通过对短信网络进行实证研究，提出了"头部幂律、尾部指数"的双模分布。樊超等（2011）归纳总结出通信、商业交易、在线点播等活动的时间统计特性均服从幂律分布，幂指数在 1 ~ 3。

近年来，随着微博、论坛、在线社区等的兴起与发展，学者进一步聚焦各复杂社会网络平台，通过实证分析探索用户传播行为。闫强等（Yan Q et al.，2013）分析了 12 万条微博信息发布、评论和转发数据，发现信息发布和评论之间的间隔服从幂律分布。宋亚丁等（Song Y et al.，2010）通过实证分析得出，突发事件下人类在博客和微博上的时间间隔分别服从 $\alpha = 1.3$ 和 $\alpha = 2.0$ 的幂律分布。刘飞等（2020）以"昆山反杀案"为例，分析了新浪微博表情符号的使用情况，发现表情符号使用频率具有长尾特征。王澎等（Wang P et al.，2011）对用户论坛发帖行为进行分析，发现同一用户发帖时间间隔呈现多尺度特征，在分、小时和天时间尺度上服从不同指数的幂律分布。A. 根等（Kan A et al.，2013）研究了用户在 9 个论坛中的行为数据，指出用户发帖行为的时间间隔服从指数为 1.7 的幂律分布。易明等（2020）从时间间隔、阵发性、记忆性、波动性、有序性等维度分析了天涯社区个体和群体发帖、回帖行为时间间隔的幂律分布特征。郭博等（2018）以知乎为例，探索了问答社区网络用户访问行为的幂律分布规律。沈洪洲和史俊鹏（2019）对知乎问答社区优秀回答者的行为进行分析，发现其回答问题的时间间隔分布具有胖尾特征。

2. 复杂社会网络信息传播非泊松行为动力学机制

上述用户传播行为的幂律分布特性为研究复杂社会网络信息传播突变问题开拓了全新视野，如何有效解释这一现象则成为另一个与之紧密相关的重要问题。为此，学者分别从复杂社会网络拓扑结构、人类选择偏好双重视角对该问题进行了阐释。

（1）基于复杂社会网络的传播行为动力学机制。一些学者基于复杂社会关系网络探讨了传播行为动力学机制。例如，有学者以具体复杂社会网络平台为例，分析了网络拓扑结构对运行其上的信息传播行为的影响。靳美玲等（Jin M et al.，2017）研究发现推特平台上信息传播主要受"关注人—粉丝"网络拓扑结构的影响，信息呈级联式扩散且以指数衰减。K. 莱尔曼和 R. 高希（Lerman K and Ghosh R，2010）对掘客、推特等平台信息传播特点进行分析，发现信息传播速度、最终扩散规模均与网络连通性密切相关。闫强等（2013）研究发现，用户发布微博的行为与用户所处的网络结构相关，并据此提出了一种基于用户交互程度和复杂社会网络关系结构的微博发布行为模型，很好地解释了不同用户发布微博数的规律变化现象。进一步地，学者还深入研究了网络度分布、关系强度等拓扑属性对信息传播的影响（Centola D and Macy M，2007）。V. 艾沙姆等（Isham V et al.，2011）研究发现度相关性，即一条边连接的两个节点度值之间的相关性，对传播速度和扩散规模具有较大影响。P. 帕克等（Park P S，2018）研究指出，复杂社会网络节点间的弱关系具有桥效应，对信息扩散具有重要影响。程军军等（Cheng J J et al.，2013）不仅证实了关系强度在复杂社会网络信息传播中的关键作用，还发现优先选择弱关系无法使信息传播得更快更广，但若移除这些弱关系，传播效率会受到显著影响。

（2）基于人类选择偏好的传播行为动力学机制。一些学者基于人类选择偏好探讨了传播行为动力学机制。其中，融合人类行为选择偏好，构建排队论等模型是探索复杂社会网络信息传播突变行为幂律分布特征内在机理的主流方法。A. L. 巴拉巴西（2005）提出的基于优先选择机制的任务队列模型为理解复杂社会网络用户传播行为时间间隔胖尾分布提供了重要理论参考。D. H. 扎内蒂（Zanette D H，2002）构建的存在等待时间的 SIR 模型以及周涛等（2013）提出的 Related-clock 方法也分别从时间和行为异质性角度研究了复杂社会网络信息传播机制。A. 瓦斯克斯等（Vazquez A et al.，2006）对电子邮件用户数据集进行统计分析，讨论了两个排队模型，第一个模型假设个体任务数量没有限制，预测个体等待时间服从指数为 $\alpha = 1.5$ 的重尾分布，第二个模型对队列长度施加限制，结果得到 $\alpha = 1$。吴联仁等（2015）基于用户行为时间异质性建立动力学模型，通过异质时间间隔序列对复杂社会网络信息传播过程进行仿真。肖云鹏等（Xiao Y et al.，2012）指出用户行为主要由社会环境、用户交互程度、用户参与程度和用户关注关系四个因素共同决定，并据此提出了一种用户个体关注焦点和用户交互行为的混合模型。闫强等（2012）还通过研究微博用户行为特征，发现用户发布微博的时间间隔受到用户关注焦点自然衰减规律的影响，同时用户关注焦点的变化也会受到交互行为的影响，频繁的交互行为会减缓用户关注焦点的衰减程度，为此提出了基于用户交互和用户关注焦点共同影响的微博发布模型。

1.2.3　复杂社会网络信息传播突变影响因素分析

复杂社会网络信息传播突变系统是一个以因果关系为基础的复杂系统。尤其伴随国内外复杂社会网络平台数量的井喷式增长，以及国内外重大突发事件的频繁发生，公众借助复杂社会网络平台表达观点态度的倾向逐渐增强，网络空间充斥着海量信息。如今，国内外学者已分别对复杂社会网络信息传播突变演化内部、外部双重影响因素进行了深入研究。一方面，学者从公众、政府、媒体、大学生、意见领袖等信息传播突变演化主体维度对复杂社会网络信息传播突变内部影响因素进行了分析。另一方面，也有学者从重大突发事件、危机事件、热点事件等维度探索了事件属性对复杂社会网络信息传播突变的外部驱动影响。因此，对信息传播突变影响因素进行有效细分，通过分析内部动态联系，解析复杂系统因果关系，进而探究复杂社会网络信息传播突变的影响因素（陈福集和翁丽娟，2018）。

1. 基于信息传播突变主体的影响因素分析

网民、媒体、政府是复杂社会网络信息传播突变系统的三大主体。研究网络空间信息传播突变演化的影响因素可立足系统主体，分不同子系统开展动力学分析。余乐安等（2015）针对危险化学品泄漏所造成的水污染事件，运用系统动力学，分网民、网络媒体、政府三个子系统深入分析了网络空间信息传播演化规律。高歌等（Gao G et al.，2019）研究发现，网民大众与意见领袖群体极化、媒体受众数量、媒体报道频率、政府关注度、危机预警机制等因素对复杂社会网络信息传播突变具有重要影响。曹武军等（2020）将新冠肺炎信息传播系统划分为网民、网络媒体、政府三个子系统，进而构建了系统动力学模型并进行仿真分析。谢天等（Xie T et al.，2020）基于系统动力学分析了重大突发事件等情境下，反应时间、反应能力以及政府透明度对公众情绪的影响。

2. 外部事件驱动的影响因素分析

事件系统理论指出，事件强度、事件时间、事件空间等属性对人类行为具有重要影响（Morgeson F P，Mitchell T R and Liu D，2015）。特别地，与其他事件不同，重大突发事件下公众工作生活往往受到较大扰动，社会正常运转也受到较大冲击，因而往往被认为是复杂社会网络信息传播扩散突变的导火索，因此还需引入事件相关因素进行分析。狄国强等（2012）通过构建系统动力学模型，定量刻画了事件、网民、媒体、政府四个因素对复杂社会网络信息传播突变演化的影响。钟慧玲等（2016）基于系统动力学构建了"邻避"冲突突发事件信息传播演化模型，分析了事件易爆度、政府公信力、信息透明度、环境风险感知对信息传播热度和当地公众的影响。李仕争等（2016）运用系统动力学方法，分析了网民、事件、移动社交网络和政府对信息传播热度的综合影响。阎海燕等（2021）分析了事件、网民、媒体、政府以及企业五个方面对复杂社会网络信息传播突变的影响，构建了企业危机事件信息传播系统模型。姜景等（2016）采用系统动力学方法探讨了突发事件微博演化过程，并以"7·23"甬温线特别重大铁路交通事故为实例，分析了信息热度与其他变量之间的关系。

1.2.4 复杂社会网络信息涌现观点动力学分析

复杂社会网络信息传播涌现过程是异质观点不断演化并趋于一致的过程。

以观点演化为切入点，构建动力学模型，是研究海量信息涌现扩散过程的重要思路。有关观点演化问题的研究可以追溯到 1956 年弗伦奇（French）提出的简单离散数学模型，随后学者分别从离散观点、连续观点两大思路入手，基于不同规则对此展开深入探索。其中离散观点的典型代表有投票模型、Galam 模型、Ising 模型、Sznajd 模型等；连续观点的典型代表有 Degroot 模型、Deffuant-Weisbuch 模型、Hegselmann-Krause 有界信任模型等。近年来，学者又进一步从不同维度对上述模型进行改进和拓展。例如，一些学者从复杂社会网络关系结构入手，分析交互结构对网络空间信息观点演化的影响。还有一些学者基于用户情感倾向、个体认知、主体博弈等视角对传统观点演化模型进行改进和拓展。

1. 基于复杂社会网络的观点动力学分析

随着社交媒体飞速发展，公众社会关系网络日益复杂，一些学者结合现实场景考虑社会交互关系复杂性，对信息传播观点演化模型进行改进。尚丽辉等（Shang L et al.，2021）基于 Sznajd 模型研究了耦合效应对相互依赖链系统观点演化的影响。李灵博等（Li L et al.，2019）基于 Ising 模型对符号网络中二元观点演化问题进行分析。迟钰雪和刘怡君（2019）结合改进的有界信任机制，构建了超网络线上线下信息传播演化模型，提出了包括模型初始化模块、信息传播与交互影响模块、双空间同步模块的仿真系统框架。周沁悦等（Zhou Q et al.，2020）对 DeGroot 模型进行了改进，研究了个体与朋友的朋友二步交流互动下的观点演化问题。王超前（Wang C，2021）围绕两个对立社团的政治宣传问题，在 Deffuant-Weisbuch 模型的基础上提出了一个具有双边宣传和单边信息封锁的对立群体观点演化动力学模型。李慧嘉和王林（Li H J and Wang L，2019）分析了多层网络观点信念演化过程，考虑到观点信念在各层传播速度上的差异，提出了多尺度建模框架，进而研究层间度关联性对观点信念演化的影响。马宁和刘怡君（2015）分析了超网络中各子网间异质 Agent 交互规则，建立了基于超网络的多主体观点演化模型。

2. 基于社会行为认知的观点动力学分析

由于公众成长阅历、所处情境等不同，个性化时代公众认知行为差异性日益凸显，一些学者考虑到个体异质性，对传统模型进行了拓展。司夏萌等（Si X M et al.，2016）提出一个基于贝叶斯更新规则的 CODA 观点演化动力学模型，分析情感态度对公众观点演变的影响。黄传超等（2019）基于 Deffuant 模型与 CODA 行为选择机制，分析认知偏差与无界信任对个体观点决策的影响，构建信息反转模型，并基于 Agent 方法模拟分析了不同情境下个体认知与态度的特征以及应对措施。魏建良和梦非（Wei J and Meng F，2021）考虑超级影响者及争议信息对复杂社会网络信息传播观点演变的影响，对 Deffuant-Weisbuch 模型进行改进。陆安等（Lu A et al.，2021）对 H-K 有界信任模型进行改进，分析了个体异质性对群体意见演化过程的影响。焦艺茹和李永立（Jiao Y and Li Y，2021）针对有目的的交互行动，指出公众观点交互不以位置或社会关系为基础被动地交流，而是受到自身内在动机的驱动，进而在 CODA 模型的基础上构建了主动观点动力学模型。陈曦等（Chen X et al.，2019）考虑到复杂社会网络信息传播观点演化过程中场独立与场依赖两种认知风格组合作用的影响，对 H-K 模型进行改进，分别用邻居观点和个体经验代表场依赖认知和场独立认知，提出了基于认知风格的观点演化模型。李克等（Li K et al.，2020）建立了基于认知失调的观点动力学模型，研究观点认知失调影响下观点更新与关系网络更新机制。朱侯和胡斌（2016）提出基于 QSIM-ABS 的观点演化模型，剖析了信息和民众情绪对观点演化的作用机理。刘泉等（2017）结合网络节点多层影响力与节点自信程度构建观点演化模型。曹丽娜和唐锡晋（2014）从话题热度和内容变化两方面提出观点演化模型，通过挖掘动态话题链分析了观点演化下网络群体集聚的过程。

1.2.5　复杂社会网络信息传播突变动力学建模

构建传播动力学模型是当前剖析复杂社会网络信息传播突变内在机制的主要研究方法。考虑到疾病传播与信息传播的相似性，传染病动力学模型成为复杂社会网络信息传播突变研究的理论基础。随后，伴随复杂网络理论发展以及社会网络平台日益兴起，考虑复杂网络拓扑结构以及用户兴趣爱好、情感倾向等社会属性特征的复杂社会网络信息传播突变研究逐渐引起国内外学者的广泛关注，以期揭示信息传播突变过程的内在机理。

1. 基于传染病动力学的信息传播突变模型

复杂社会网络信息传播与传染病感染具有一定相似性（Rapoport A and Rebhun L I，1952），通过改进传染病动力学模型进行研究，成为探索复杂社会网络信息传播突变规律的重要途径。D. J. 戴利和 D. G. 肯德尔（Daley D J and Kendall D G，1965）于 20 世纪 60 年代提出了经典的 D-K 模型，对谣言等信息传播与流行病传播的相似性进行了全面比较，将均匀混合的人群分为易感者、感染者、免疫者三类，进而运用随机过程的方法进行求解。这里，易感者表示没有听过谣言等信息的人，感染者表示积极传播谣言等信息的人，免疫者表示知道但不再传播谣言等信息的人。D. P. 梅基和 M. 汤普森（Maki D P and Thompson M，1973）在此基础上结合现实场景对信息传播规则进行完善，指出当传播者相遇后，前一个传播者会变为免疫者，进而建立了 M-T 模型。这两个模型为学者后续研究复杂社会网络信息传播规律提供了理论指导。A. 萨德伯里（Sudbury A，1985）还进一步验证了信息传播动力学模型与 SIR 传染病动力学模型的相似性。

2. 基于复杂网络的信息传播突变动力学模型

伴随着互联网技术与网络平台的飞速发展与更新迭代，传统传染病模型很难精准刻画复杂社会网络信息传播突变过程，部分学者将经典传播模型和近年来兴起的复杂网络模型相结合，引入网络拓扑结构来改进传播动力学模型。

（1）小世界网络信息传播突变动力学模型。统计分析表明，复杂社会网络具有高聚类、小世界等特性，为此可基于小世界网络对传播动力学模型进行改进。D. H. 扎内蒂（2002）率先基于小世界网络构建了传播动力学模型，并求解出传播阈值，揭示了谣言等信息在小世界网络中的传播规律。F. C. 桑托斯等（Santos F C et al.，2005）引入同构小世界网络，探讨了两种机制对传播爆发阈值的依赖关系，以及在自然选择条件下合作者和叛变者的共同演化机制。孙庆川等（2010）对小世界网络中的传播规律进行研究，发现当信息吸引力接近阈值时，添加随机边将增大传播范围，传播耗时对网络规模大小敏感，而当信息吸引力足够大时，网络结构变动对信息传播范围的影响不大，耗时也趋于稳定。

（2）无标度网络信息传播突变动力学模型。由于复杂社会网络用户节点度数一般服从幂律分布，基于无标度网络构建信息传播突变动力学模型是另一个改进思路。Y. 莫雷诺等（Moreno Y et al.，2004）对谣言等信息在复杂异质网络中的传播规律进行研究，建立了动力学平均场方程。M. 内科维等（Nekovee M et al.，2007）建立了复杂社会网络谣言传播动态平均场方程，研究结果表明，无标度网络更容易传播谣言等信息。任立肖等（2014）分析了无标度网络中信息传播的演化规律。刘亚州等（2018）考虑到复杂社会网络平台不同邻居节点影响力的差异，构建了聚类系数可变的无标度网络信息传播动力学模型。张明莉等（Zhang M et al.，2021）基于 BA 无标度网络对 SEIR 模型进行改进，并以新冠肺炎信息传播为例进行验证，表明网络结构对信息传播具有重要影响。

（3）加权网络信息传播突变动力学模型。值得注意的是，上述小世界网络与无标度网络均假设网络为无权网络，但在现实生活中有些网络中的用户关系强度具有差异，为此一些学者还进一步研究了加权网络上的信息传播问题。P. 拉塔纳等（Rattana P et al.，2013）研究了无向加权网络上的 SIS 和 SIR 模型，分析了权值分布对流阈值的影响。阚佳倩等（2014）考虑加权网络中网络结构非局域性效应、连边权重、社会增强效应对信息传播的影响，发现个体越倾向接受亲密朋友的信息，信息越不容易大范围传播。王金龙等（2015）构建了基于用户相对权重的复杂社会网络信息传播模型，仿真结果表明，在非均匀网络中，该模型更能体现真实网络特点，同时验证了节点地位对信息传播突变的影响。

3. 考虑人类行为社会属性的信息传播突变动力学模型

复杂社会网络信息传播是一种典型的社会传播，与疾病的无意识传播不同，还受到记忆、兴趣、情感等因素的影响（Wang Y et al.，2021），因此还需要进一步将人类行为社会属性引入到模型中，对复杂社会网络信息传播突变过程进行深入探索。

（1）记忆驱动的信息传播突变动力学模型。考虑到人类对事物的遗忘性特征，一些学者从遗忘记忆视角展开研究，构建了记忆驱动的复杂社会网络信息传播突变动力学模型。辜娇等（Gu J et al.，2008）研究发现遗忘记忆复合机制对复杂社会网络信息传播具有显著影响。赵来军等（Zhao L et al.，2012）构建了考虑遗忘率的复杂社会网络信息传播动力学模型，发现遗忘记忆机制将延迟谣言等网络空间信息传播的结束时间，降低谣言等信息产生的最大影响，初始遗忘率越大或遗忘速度越快，最终范围越小，且时变遗忘率比常数遗忘率更易扩大复杂社会网络信息的传播范围（Zhao L et al.，2013）。王佳佳等（Wang J et al.，2014）构建了 SIRaRu 谣言信息传播动力学模型，数值模拟也表明遗忘率对谣言等复杂社会网络信息传播具有较大影响。

进一步地，学者还将遗忘记忆机制与其他因素相融合，分析对复杂社会网络信息传播过程产生的组合影响。K. 阿法西努（Afassinou K，2014）提出考虑遗忘机制和人口受教育程度的 SEIR 谣言传播模型，发现群体中受过教育的个体越多，谣言影响范围越小。吕琳媛等（Lv L et al.，2011）提出了综合考虑记忆效应、社会强化效应和非冗余接触的传播动力学模型。王超等（2014）引入遗忘机制和遏制机制，构建了复杂社会网络信息传播模型，分析了两种机制对信息传播的组合影响。霍良安等（Huo L et al.，2021）引入智者新用户状态，建立了考虑遗忘因素和社会强化效用的复杂社会网络信息传播突变动力学模型。

（2）兴趣驱动的复杂社会网络信息传播突变动力学模型。信息内容能否引起用户兴趣是影响其传播行为的重要因素。刘咏梅等（2013）引入兴趣衰减系数，发现首次转发概率、兴趣衰减系数以及小世界网络等因素对信息传播过程有较大影响。王瑞等（2017）引入用户兴趣空间和用户影响空间，根据用户对传播内容的喜爱程度和其他用户的影响程度预测用户接受传播内容的概率。夏志杰等（2019）提出了一种改进的 SEIR 模型，分析了内容吸引力对谣言等信息传播的影响。王长春和陈超（2012）引入谣言等信息属性变量，探讨了内容属性、网络结构特征、干预强度对谣言等复杂社会网络信息传播突变效果的影响。

（3）情感驱动的复杂社会网络信息传播突变动力学模型。与传统媒体不同，复杂社会网络平台中的信息传播还伴随公众情感交流，使得网络空间信息传播得更快更广。尤其突发事件、热点事件发生后，网民交流讨论还极易加剧群体情感极化，甚至引发线上线下群体性事件。因而，情感分析已成为复杂社会网络信息传播突变研究的重要方面（张芳、司光亚、罗批，2013）。学者进一步通过构建情感驱动的信息传播动力学模型来探索复杂社会网络信息传播突变规律。S. 安东尼（Anthony S，1973）提出一种考虑焦虑因素的复杂社会网络信息传播模型，发现高度焦虑的小组比低度焦虑的小组传播信息的频率更高。洪巍等（2016）分析了食品安全事件中，传播者情感倾向对信息传播的影响。安璐和吴林（2017）以寨卡突发事件为例，分析了情感类型、情感强度对突发事件复杂社会网络信息传播演化过程的影响。傅培华等（Fu P et al.，2020）构建了考虑个体情感态度的复杂社会网络信息传播模型，发现恐慌、悲伤等情感对复杂社会网络信息传播扩散速度具有重要影响。

1.2.6　复杂社会网络信息传播突变调控研究

1. 基于关键人识别的复杂社会网络信息传播突变调控算法

精准溯源复杂社会网络信息传播源头，有效挖掘在复杂社会网络信息传播突变过程中发挥重要导向作用的意见领袖，并进一步寻找多个高影响力信息初始传播者以实现权威信息影响极大化对有效引导复杂社会网络信息传播至关重要。

（1）复杂社会网络信息传播溯源算法。有效识别复杂社会网络信息传播源头对有效引导网络空间信息传播具有重要作用。目前很多学者基于

Susceptible-Infected（SI）、Susceptible-Infected-Susceptible（SIS）、Susceptible-Infected-Recovered（SIR）等传播动力学模型，通过测度不同中心性提出了多种复杂社会网络信息传播源头定位算法。D. 沙赫和 T. 扎曼（Shah D and Zaman T，2010）基于 SI 模型提出了谣言中心性测度指标，并通过极大似然估计识别谣言传播源头。朱凯和应磊（Zhu K and Ying L，2014）基于 SIR 模型提出了 Jordan 中心性指标，进而由最可能的传播路径推断传播源头。一些学者还进一步将此算法推广到 SIS 模型（Luo W and Tay W P，2013）、SI 模型（Luo W，Tay W P and Leng M，2014）中。C. H. 科明等（Comin C H et al.，2011）提出了无偏中介中心性测度指标，发现雪崩模型中用该方法可以得到更好的结果。于凯等（2022）依托 SI 模型在随机图和正则图上模拟复杂社会网络信息的传播过程，并提出了两阶段多中心信息传播溯源算法。

由于复杂社会网络规模巨大，通过观察所有节点状态推断信息传播源头较为复杂，为此一些学者提出通过部署观察点推断源头的研究思路，即对观察节点记录的谣言接收时间及传播方向进行统计分析，进而推断传播源位置（Gajewski Ł G et al.，2022）。P. C. 平托等（Pinto P C et al.，2012）提出了通过稀疏部署观察点来收集相关信息，进而推断复杂社会网络信息生产者源头的算法。张聿博等（2015，2016）提出了一种基于 r 覆盖率的观察点部署策略，随后又在观察点定位信息传播源头算法基础上提出了一种基于部分路径的信息传播源头快速定位算法。杨帆等（Yang F et al.，2020）利用观察点的方向信息，提出了一种基于高斯估计的传播源头定位算法。A. 卢尼和 K. P. 苏巴拉克希米（Louni A and Subbalakshmi K P，2018）基于少量观察点提出了一种两阶段源头定位算法。刘栋等（2018）利用 SI 模型和反贪心溯源算法，对比分析了基于不同节点中心性部署观察点对源头定位精度的影响。袁得嵛等（2019）考虑非观测点节点状态，提出基于信息拓扑的信息传播源头扩展算法和基于 Jordan 中心的信息传播源头定位算法。

此外，由于复杂社会网络有些造谣者会通过多个账号同时发布谣言等负面虚假信息，一些学者还对多源头定位问题展开了深入研究。B. A. 普拉卡什等（Prakash B A et al.，2012）基于 SI 模型提出了最小描述长度的源头定位算法，以实现信息生产者源头数量和位置的有效检测。一些学者提出基于启发式的多源定位算法，将感染图划分为 n 个区域并检测每个区域的传染源，进而采用二源检测算法反复迭代直至找到所有传播源头（Luo W and Tay W P，2012；Luo W，Tay W P and Leng M，2013）。胡兆龙等（Hu Z L et al.，2019）对基于最大最小方法（maximum-minimum method，MMM）的多源定位算法（Fu L et al.，

2016）进行改进，提出了最大值法。董明等（Dong M et al.，2019）将深度学习方法与源头定位算法相结合，提出了基于图卷积网络的源识别算法。刘艳霞等（Liu Y X et al.，2022）考虑节点领域感染情况，提出了一种基于领域熵的多源定位算法。邵玉等（2022）提出基于极大似然的影响力源头定位算法，将节点按权重划分成若干层并区分对待，去除概率小的边，形成传播图，构建源节点集合，准确识别多个传播源头。除上述方法外，还有学者通过将多源问题转化为单源问题来确定信息传播源头的位置。例如，一些学者基于反向传播模型对节点进行聚类，进而将多源定位问题转化为多个单源定位问题（Zang W et al.，2015）。张锡哲等（2016）提出了基于子图抽取的信息传播源头定位算法，依据社团结构将信息多源问题分解成子图的单源问题，有效降低了计算复杂度并提高了定位准确率。袁得嵛等（2019）为解决信息传播源头重叠问题，提出了基于子图划分法和 Jordan 中心算法，将信息多源定位问题拆分成多个单源问题，有效识别了恶意信息传播源。

（2）复杂社会网络信息传播意见领袖挖掘算法。意见领袖指复杂社会网络信息传播过程中少数具有重要影响力的用户，其所传播的信息可以在较短时间传递给网络空间中的大部分用户。因此，挖掘意见领袖对有效引导信息传播具有重要影响。

由于意见领袖往往是复杂社会网络中的重要节点，一些学者通过衡量网络节点重要性的方法识别意见领袖。其中，一个最简单的方法是分析用户节点的度数，如粉丝数。显然，当一个用户拥有较多粉丝时，往往具有较高威望。但是仅简单地用度数衡量用户影响力尚且不足，王建伟等（2010）研究发现，影响网络节点重要性的指标还包括邻居节点的度数。M. 基萨克等（Kitsak M et al.，2010）指出网络中 K-shell 值大的节点是网络中的重要节点。此外，研究还指出，K-core 指标能够更加准确地描述节点重要性。J. 博尔格－霍尔索弗和 Y. 莫雷诺（Borge-Holthoefer J and Moreno Y，2012）提出节点度相关性可以刻画出复杂社会网络用户间的关系强弱，能够更真实地反映用户影响其他用户传播行为的能力大小。R. S. 伯特（Burt R S，1999）指出意见领袖为处于结构洞位置的用户，可以将互不相关的不同群体衔接起来，扩大传播范围与传播速度。还有学者从网络节点对全局拓扑结构的依赖性特征视角展开研究（刘建国等，2013），如 PageRank 算法，根据所连接用户的重要性，通过多次迭代计算，最终确定用户的重要程度。然而，当网络中存在孤立节点时，PageRank 算法会出现节点重要性排名不唯一的情形。为此，吕琳媛等（Lv L et al.，2011）在 PageRank 算法的基础上提出了 LeaderRank 算法，结果表明，

LeaderRank 算法较 PageRank 算法的适用性更广泛，且节点重要性排名具有唯一性。此外，还有学者采用 LDA 模型设计出了主题敏感的 TwitterRank 算法（Weng J et al.，2010）。

然而需要注意的是，上述方法通常假设用户发布的信息会同时被所有好友接收，但这与现实情境并不完全相符。C. 李等（Lee C et al.，2010）基于推特（Twitter）数据发现复杂社会网络中大多数用户转发的信息只会被约 20% 的少数好友关注并转发，故提出有效读者的概念并将此作为判断意见领袖的重要指标。此外，M. 车等（Cha M et al.，2010）指出转发次数也是评估用户影响力的重要因素，并提出转发次数影响力大于用户一对一的直接影响。E. 巴克希等（Bakshy E et al.，2011）也分析了转发次数对用户传播能力的影响，并提出了改进的复杂社会网络信息传播用户影响力度量算法。

（3）基于多个高影响力传播者识别的影响最大化算法。影响最大化（influence maximization）问题是指在复杂社会网络中选取节点组合，使信息由这些节点发出后可以在尽可能短的时间里传播给尽可能多的用户，进而产生尽可能大的影响。网络空间用户基数巨大，为了有效引导复杂社会网络信息传播，政府有关部门需要选取部分节点快速传播官方权威信息，使影响迅速最大化，以分解负面信息带来的严重影响。

P. 多明戈斯和 M. 理查森（Domingos P and Richardson M，2001；Richardson M and Domingos P，2002）最先在挖掘复杂社会网络节点价值中提出了影响最大化问题，并将马尔可夫随机场模型与概率加权优化方法进行了结合。D. 肯普等（Kempe D et al.，2003）认为影响最大化问题属于 NP 难问题，可以通过简单贪心算法得到近似解。但值得注意的是，贪心算法通常需要耗费大量时间且效率较低（Song G et al.，2016；Gao G et al.，2018），因此如何改进贪心算法，提高运行效率成为研究人员广泛关注的关键科学问题。J. 莱斯科韦茨等（Leskovec J et al.，2007）引入了高效率延迟（CELF）算法，显著提高了原始算法的运行速度，达到 700 倍之多。在此基础上，A. 戈亚尔等（Goyal A et al.，2011）参照随机取样以及在多次运行中估计规模的思路，进一步提出了 CELF ++ 改进算法。

此外，近年来也有越来越多的研究人员基于重要节点识别视角，通过引入中心性方法对影响最大化问题展开研究（Ren Z M et al.，2014；Liu J G et al.，2016；Lin J H et al.，2014；Liu J G et al.，2014）。比较有代表性的有度数中心性、介数中心性（Freeman L C，1977）、亲密度中心性等（Sabidussi G，1966；Liu H L et al.，2018）。M. 基萨克等（2010）还提出了 K-Shell 网络关键节点识别算法，认为最具影响力的用户往往是处于复杂社会网络核心位置的节点用户。这些基于中心性改进的影响最大化算法一般选择排序靠前的几个节点作为高影响力的传播者，但由于这些节点通常具有一定关联性，致使采用这些方法选取的不同节点的影响范围会出现相互重叠的问题（Zhao X Y et al.，2015）。针对这一难题，启发式方法为此提供了解决思路且近年来备受学界关注。一般而言，启发式方法会根据特定的规则逐步搜寻高影响力传播者。其中两种经典算法是 Single Discount 启发式算法和 Degree Discount 启发式算法。这类算法的主要研究思想是，在逐个选择高影响力节点时会考虑已选节点产生的影响（Bao Z K，Liu J G and Zhang H F，2017），因而既满足权威信息传播能力较强的要求，也缩短了贪心算法所必需的时间（Chen W，Wang Y and Yang S，2009），起到了分解复杂社会网络负面信息传播的效果。

2. 复杂社会网络信息传播突变干预机理

复杂社会网络中，个体通过交流讨论极易发生群体集聚，形成同一化观点，致使相关信息大规模扩散。为此，聚焦网络群体集聚下的信息传播过程，构建动力学模型，探索复杂社会网络信息传播突变干预机理，可为有效调控信息突变提供理论依据。

（1）削弱负面信息吸引力的调控机理。复杂社会网络信息传播过程中，受群体强化效用的影响，信息吸引力往往较高。为此，一些学者提出通过削弱负面信息吸引力的思路实现复杂社会网络信息传播有效引导。一方面，有学者考虑科普宣传教育的影响，进行了媒体宣传引导下的复杂社会网络信息传播引导研究。如霍良安等（Huo L et al.，2015）通过引入科普教育与媒体宣传等因素对传播动力学模型进行改进，探索了复杂社会网络信息传播干预机理。另一方面，也有学者通过分析政府辟谣对负面信息的削弱作用，来探索复杂社会网络信息传播调控机理。例如，赵霞霞和王建中（Zhao X X and Wang J Z，2014）研究发现政府发布官方权威信息数量对负面信息吸引力具有削弱作用，尤其政府公信力较强时，通过及时发布权威信息可以有效干预负面信息的传播扩散。张益等（Zhang Y et al.，2022）分析了官方信息内容与所发布信息数量对负面信息传播的控制作用，发现官方信息量是影响传播阈值的关键因素，完善官方辟谣信息内容，可有效控制谣言传播。朱霖河和李玲（2020）考虑辟谣机制与时滞效应构建动力学模型，发现辟谣信息有助于削弱谣言传播速度及产生的最大影响。

除了政府、媒体等外界宣传引导外，增强公众自身对虚假不实信息的判断力，也可削弱复杂社会网络负面信息产生的不利影响，实现网络空间信息传播的有效引导。卡瓦奇等（Kawachi K et al.，2008）分析了易感染者、免疫者面对谣言等负面信息时的不同态度，并借助微分方程刻画了不同的接触过程。李丹丹和马静（Li D and Ma J，2017）研究发现，提高公众防范意识可有效抑制负面信息传播扩散。张亚明等（2015）分析了复杂社会网络信息传播过程中的兴趣衰减机制，指出降低公众对负面信息的传播兴趣有助于控制谣言等负面信息传播扩散。郭峰等（Guo F et al.，2023）研究发现，批判性思维对公众传播行为具有重要影响。孙桑落等（Sun S et al.，2022）研究发现，随着科学素养的不断提高，公众更加注重严谨的实验证据和审慎的结论，更倾向于支持专业科学组织，政府应该发布科学的、基于证据的反谣言信息，使其更具说服力。昝永利等（Zan Y et al.，2014）分析了自我抵制机制对谣言等负面信息传播过程的影响。此外，网络空间不同节点间的社交关系也会影响公众的判断力。例如，R. M. 特里帕蒂等（Tripathy R M et al.，2010）研究发现，公众更倾向于接收由信任节点发送的信息。王家坤（2019）则通过分析在线社会网络拓扑结构、用户影响力等信息传播影响因素，提出了一种考虑用户相对权重的复杂社会网络信息传播控制模型。

（2）对立信息并行传播下的复杂社会网络信息传播调控机理。智媒时代，政府等有关部门及时发布官方权威信息对有效控制谣言等负面信息传播扩散具有重要作用。J. 李等（Lee J et al.，2015）研究了波士顿马拉松惨案中谣言与非谣言的传播过程，发现反应时间、消息类型、关注者数量、标签使用情况对最终扩散规模具有重要影响。霍良安等（Huo L et al.，2011）构建了重大突发事件下政府当局行为与谣言传播的相互作用模型，指出应急管理者应及时调查事件情况，根据调查结果采取积极行动。赵来军等（Zhao L et al.，2012）指出权威媒体的可信度和权威信息的受众收视率对重大突发事件演变具有很大影响，并通过构建微分方程探讨了官方媒体、负面信息传播与突发事件演变之间的相互作用机制。

为了深入研究正面权威信息对复杂社会网络信息传播过程的调控作用机理，学者围绕对立信息、竞争信息并行传播问题开展了系列研究。肖云鹏等（Xiao Y et al.，2020）提出了一种基于表示学习和 CNN-GCN 的动态谣言与反谣言传播群体行为表示方法，考虑谣言与反谣言之间的共生竞争关系，引入演化博弈论建立了谣言预测模型以真实刻画谣言和反谣言的发展趋势，并进一步考虑谣言传播中影响用户行为的内外部因素，提出了谣言与反谣言相互影响定量模型（Xiao Y et al.，2020）。陆源等（Lu Y et al.，2016）将社会演化博弈框架引入在线社会网络竞争信息同步传播模型，通过数值仿真分析了声誉因素对竞争信息同步传播的影响。张益和徐玖平（Zhang Y and Xu J，2020）研究了谣言与反谣言间的交互作用模型，指出谣言消失前二者存在竞争与捕食关系。陈安滢等（Chen A et al.，2021）通过构建种群动力学模型，研究了在线社会网络上的预警信息扩散过程，进而分析了信息吸引力、网络容量、预警时效性以及不同信息之间的交互作用。

此外，还有一些学者通过对并行传播过程中公众所处状态进行重新划分，改进传播动力学模型，以期揭示复杂社会网络信息传播调控机制。C. R. 卢卡特罗和 R. B. 贾克斯（Lucatero C R and Jaquez R B，2011）在分析病毒信息与警告信息的动态传播过程中，提出节点可能会在四种状态中转换，即感染状态、警告状态、无信息状态、死亡状态。张楠等（Zhang N et al.，2014）为更准确地分析谣言等负面信息的扩散与调控过程，将公众状态分成八类构建动力学模型，并考虑个人抵抗、个人偏好、从众性、谣言强度、政府辟谣等影响因素，得到谣言传播风险分布图，为政府控制扰乱社会的谣言提供了有价值的参考（Zhang N et al.，2016）。王新燕等（Wang X et al.，2019）将公众状态分为未知者、正面信息传播者、负面信息传播者、不确定状态，构建了正面、负面信息耦合动态扩散模型，推导出负面信息扩散的临界条件，并提出两种协同控制策略，将系统总成本最小化问题转化为最优控制问题。

3. 复杂社会网络信息传播引导效能提升路径

营造良好的信息传播生态环境，不断提升网络空间信息传播引导效能，进而维护社会和谐稳定是研究复杂社会网络信息传播突变调控引导的最终归宿。智能传播时代，传播环境除了包括社会软环境，还包括技术硬环境。因此，从软硬传播环境双重维度入手，探索复杂社会网络信息传播引导效能提升路径具有重要意义。

（1）基于社会软环境的多主体协作引导研究。社会软环境是指影响信息传播的、可通过人为干预改变的外部无形因素的总和，包括文化氛围、思想观念、制度规范等，具有一定的抗干扰和自我净化功能。因此，学者通过分析改善社会软环境的策略，探讨如何应对复杂社会网络信息传播突变及维持信息生态系统动态平衡。

营造良好的信息文化氛围对改善社会软环境具有重要影响，学者先后围绕信息主体行为习惯与信息素养培养以及情感安抚等方面开展了系列研究。在短期内，研究表明主体行为主要受情感的调控，注重沟通中的情感安抚是防控信息传播突变风险的有效途径（王芳，2023；Wang Y et al.，2022）。对安抚群体情绪而言，郑满宁和李彪（2022）认为应当破除负面信息回音壁，构建正面集体记忆。对安抚个体情绪而言，P. 帕斯夸尔-费拉等（Pascual-Ferrá P, Alperstein N and Barnett D J, 2022）认为政府需要依据监测公共议题的讨论对话，制定相应的沟通策略。王玉琦等（Wang Y et al., 2022）强调媒体应丰富信息管控方式，精准满足个体情感诉求。从长期的信息文化氛围营造来看，研究发现，主体的信息知识和信息素养对形成良好的信息文化起到更基础的作用。就主体自身而言，张立凡等（2022）提出民众应增强自身的信息甄别能力，提高伦理素养。魏利洪等（Wei L et al., 2023）研究显示应提升民众社交媒体素养。就主体间相互影响而言，K. 科特等（Cotter K et al., 2022）提出平台可以通过调节发布信息的类型间接提高用户的数字素养。李明德等（2022）建议加强常态化、专业化的科普机制建设。进一步地，通过分析影响信息文化氛围塑造的深层次原因，学者还发现精神信仰是影响公众行为的重要因素（Vaughan-Johnston T I, Fowlie D I and Jacobson J A, 2022），因而从理念、信仰层面进行信息传播突变调控对改善信息环境同样具有重要意义。在整体层面，唐远清和张月月（2022）认为应强化各信息主体的民主意识，培育包容差异的信息生态环境。李艳微和包磊（2022）认为应深化网民对于网络环境中道德规范和道德准则的认识。在个体层面，对于一般民众，T. 埃文和 S. A. 特克迪（Aven T and Thekdi S A, 2022）认为，既要培养其对待网络信息的批判精神，也要引导其建立对其他主体的信任感。对于管理人员，则应调整复杂社会网络信息传播治理观念，从信息层面深入现实层面，解决实际问题（任昌辉和巢乃鹏，2021；宋欢迎、刘聪、张旭阳，2022；李明德、朱妍，2021）。

此外，制度规范是社会软环境中起保障作用的刚性要素，现有研究分别围绕设计与执行两个环节展开研究。在有关提高社会软环境信息质量的制度设计方面，有学者认为社交平台虚假信息的监管机制需要在自律机制、平台共治和外部规制三种模式间平衡（Chin Y C, Park A and Li K, 2022）。滕婕等（2022）提出，应将谣言控制与治理纳入政府和网络社团的绩效考核中，并需要保障各方及时、高质量的信息共享。安璐和惠秋悦（2022）提出应明确并落实网络用户的责任机制。在信息规范执行方面，A. 博尔和 M. B. 彼得森（Bor A and Petersen M B, 2022）研究认为，制定网络行为规范有助于减少网络政治讨论的敌意，尤其借助更为专业、中立的第三方推广宣传行为规范可以达到较好的效果。蒋明敏（2022）提出针对网民言论失范行为开展专项整治，建立失信惩戒名单和责任追究数据库，综合采用民事、行政和刑事责任进行规制，提高散播谣言的犯罪成本。徐艳玲和孙其战（2021）认为，网络运营商应加大平台规范、内容审核、信息预警等净化过滤力度。

（2）基于人工智能技术硬环境的复杂社会网络信息传播引导研究。技术硬环境主要包括信息技术与基础设施。近年来，以云计算、大数据、机器学习、人工智能为代表的新兴技术极大地冲击着信息传播的技术逻辑和思维范式。因此，如何基于人工智能技术硬环境探索复杂社会网络信息传播引导路径成为学者关注的热点。

一方面，很多学者提出人工智能可通过将数据知识化，辅助治理主体进行虚假信息监测与研判预警。张思龙等（2021）探讨了知识图谱在舆情研判系统中的融合路径。程新斌（2022）提出可以通过构建知识图谱将大数据转化为支撑决策的"智慧数据"。为预判网络舆情风险点，白志华（2022）提出可运用人工智能技术深度挖掘网络空间大数据中的隐性情感异动。C. 米尔罗斯和 M. 格罗特克（Mühlroth C and Grottke M，2020）开发了一种可识别未来趋势早期信号的高度自动化智能模型。此外，针对特定的新闻事件，学者们还进一步提出可运用 Chat GPT 等工具进行内容分析以了解民众诉求，并通过情景模拟和文本生成予以回应，实现舆情前置引导（Dasborough M T，2023；王沛楠、史安斌，2023）。另一方面，许多研究也逐渐关注人工智能的独立引导功能。王仕勇（2021）认为人工智能可以自动采集数据。荣婷和张爽（2022）基于人工智能的多维信息智能捕捉功能，提出了从情感监测、风险指标构建到智能方案制定与推送的全流程智能化应对路径。

然而，许多学者已经注意到人工智能技术的使用存在一定风险和局限性。E. A. M. 范迪斯等（Van Dis E A M et al.，2023）指出对话式人工智能会放大、加剧一些偏见与误导，例如以 Chat GPT 为代表的自然语言模型并不会核查信息本身的真实性，且其高度拟人化反而会进一步加剧社交媒体的言论操纵风险（王沛楠和史安斌，2023）。为此，一些学者基于协同视角对人工智能技术进行了改进。例如，张新平和金梦涵（2021）提出了将多种前沿技术与智能算法分发技术相融合并建立配套媒体数据库的主要思路，以期增强人工智能的治理效果。邢鹏飞和李鑫鑫（2020）认为，提高舆情风险研判和策略实施的精准度，应将智能算法与定性分析相结合。王林平和高宇（2022）认为，实现人工智能与专家研判的有效协同有助于提升引导效率。L. 瓦尔登堡和 M. 海斯曼（Waardenburg L and Huysman M，2022）认为要在智能算法研发和使用过程中实现更可靠的长期预测，不仅需要打破各领域工作人员的专业界限，还需要考虑算法与实践的相互影响。此外，由于技术风险已经超越了纯粹技术范畴，还有学者提出要以制度建设、价值引领和意识形态等"软约束"加以规制，以提升复杂社会网络信息传播引导效能。许向东（2022）认为以智能算法为内核的机器人水军极易带偏舆论风向，对此应从法律层面加强对新技术的规范制约。魏俊斌（2022）提出以法治精神改进智能治理框架。李明德和邝岩（2021）指出应将信息质量、价值引领、技术责任等指标嵌入算法。张磊和王建新（2022）基于人工智能的工具和意识形态双重属性，提出要从人机两个方面发力，增加技术运用人员的能力培训。

1.2.7　研究评述

综上所述，国内外学者已从不同视角对复杂社会网络信息传播突变与调控引导相关问题进行了系列研究，并取得了一定成果。一方面，基于复杂网络和人类社会属性等建立了复杂社会网络信息传播模型，为研究网络空间海量信息大规模传播扩散突变奠定了理论基础。另一方面，通过研究复杂社会网络信息传播调控机理，为有效应对负面信息传播突变提供了理论依据。但仍有以下问题亟待深入研究。

（1）信息生态系统多要素扰动的复杂社会网络信息传播突变研究尚显不足。复杂社会网络信息传播突变过程受到信息生态系统环境因子、主体因子、内容因子多要素多重扰动作用的影响。然而现有研究常常聚焦某一要素的单一维度进行分析，难以体现外在环境事件强度、时间、空间的多重属性，主体风险感知异质性、演变性，以及内容异质性与非对称强化效用对复杂社会网络信息传播突变过程的影响。因此，如何构建信息生态系统多要素多重扰动的复杂社会网络信息传播突变模型，剖析事件"强度—时间—空间"并行驱动、公众风险感知交叉演变、异质信息非对称强化对信息传播突变过程的影响机制是亟待解决的关键科学问题。

（2）考虑公众—官方行为异质性的复杂社会网络信息传播突变研究亟待突破。公众是复杂社会网络信息传播的主体，政府等官方机构是复杂社会网络信息传播突变调控的主体，公众与官方行为差异对复杂社会网络信息传播突变调控过程具有重要影响。目前复杂社会网络信息传播调控模型粗略地假设某一时刻采取相同行为的公众具有同一性，且假设政府等官方机构的调控同步进行，不能精准全面地刻画复杂社会网络信息传播突变调控过程。如何剖析公众与官方行为异质性，揭示复杂社会网络信息传播突变同步与异步调控机理是需要解决的重要问题。

（3）考虑邻居节点差异的复杂社会网络正面信息调控效果极大化研究尚不深入。当选择多个初始重要传播者时，依据节点重要性顺序依次选取传播者极易出现传播范围重合问题。因此如何设计多个初始重要传播者选取算法，使得所选取节点自身影响力大且受相邻节点影响程度小，进而有效实现复杂社会网络正面信息调控效果极大化是亟待解决的关键科学问题。

1.3　研究内容与方法

1.3.1　研究内容

本著作按照"突变形成机制—突变调控机制—突变调控路径"的研究思路，以复杂社会网络信息传播突变建模为关注点，以信息传播突变调控引导为落脚点和归宿，立足人类动力学、观点动力学、传播动力学理论，综合运用社会网络分析、复杂网络传播动力学建模等跨学科研究方法，系统分析复杂社会网络信息传播突变与调控问题。著作技术路线如图 1－1 所示。

本书内容包括四大部分，各章之间为顺承关系。第 1 章和第 2 章介绍研究背景与意义、国内外研究现状以及相关理论，为本著作研究奠定理论基础；第 3 章至第 5 章基于信息生态系统理论，分别从外部事件驱动、个体风险感知交叉演变、异质信息非对称强化三个维度分析复杂社会网络信息传播突变机制，进而揭示复杂社会网络信息传播突变规律；第 6 章和第 7 章在前 5 章的基础上，分别从同步调控、异步调控双重维度剖析了超级传播、时变效应影响下的复杂社会网络信息传播突变调控机制；第 8 章和第 9 章根据第 6 章和第 7 章的理论分析，分别从调控效果极大化、协同调控路径两个方面提出复杂社会网络信息传播突变调控有效策略，为政府等官方机构高效率低成本地引导控制复杂社会网络信息传播突变提供理论指导。

1.3.2　研究方法

本著作采用的具体研究方法如下。

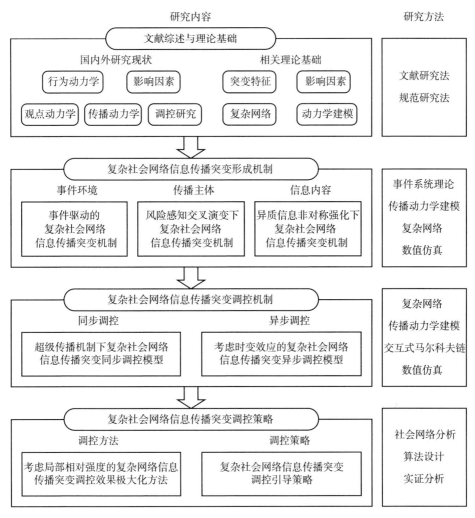

图 1-1 技术路线

（1）文献研究法。通过阅读知网、Web of Science 等数据库中复杂社会网络信息传播突变及其调控相关文献，并对国内外相关文献进行分析、归纳和总结，深刻理解网络空间信息传播突变主体行为特征、影响因素、观点生成涌现、传播扩散机制、突变调控等方面的最新研究进展，挖掘亟待解决的重要科学问题，以构建本著作的框架结构，从而为本著作的相关研究打下坚实有力的理论基础。

（2）社会网络分析方法。通过分析网络拓扑结构，探索小世界、无标度等复杂网络特征对网络信息传播突变的影响，并根据小世界网络与无标度网络用户节点度分布的差异性,将信息传播网络分为同质网络与异质网络,构建复杂社会网络信息传播突变模型,剖析网络拓扑结构对信息传播突变及调控过程的影响。

(3)复杂网络传播动力学建模方法。以经典传染病动力学模型为基础,基于公众风险感知异质性与演变性、异质信息非对称强化效用、超级传播机制以及时变效应,重新定义网络用户节点状态与复杂社会网络信息传播突变与调控规则以及信息传播突变与调控动力学模型,刻画公众风险感知交叉演变、异质信息非对称强化、超级传播机制、时变效应等因素影响下的复杂社会网络空间信息传播突变与调控过程。

(4)数值仿真方法。借助 Matlab 平台模拟复杂社会网络信息传播突变与调控的复杂过程,验证风险感知交叉演变、异质信息非对称强化下复杂社会网络信息传播突变模型,以及超级传播机制与时变效应影响下复杂社会网络信息突变调控模型等理论分析的正确性,揭示复杂社会网络信息传播突变机制与调控机理。

(5)实证研究法。基于复杂社会网络正面信息传播模型,在 Facebook、Email、Blogs、MSN 四个真实复杂社会网络数据集上运用 Matlab 平台进行实证分析,并将提出的 LRS 算法与度数中心性、核数中心性、Single Discount 启发式算法、Degree Discount 启发式算法进行对比,分析不同算法的效果,进而验证 LRS 正面信息调控效果极大化模型的有效性。

第 2 章　相关理论基础

移动智能终端快速普及和在线社会网络井喷式增长催生了复杂信息生态系统。本章首先深入剖析复杂社会网络信息传播阶段特征；其次，从网民、政府及官方权威媒体、意见领袖、信息内容四个维度阐述复杂社会网络信息传播突变影响因素；再次，考虑到信息传播网络规模巨大、结构复杂的特性，对复杂网络理论进行阐述；最后，对经典传播动力学模型进行阐述，为后续研究奠定理论基础。

2.1　复杂社会网络信息传播阶段特征

随着信息技术的飞速发展以及移动智能终端设备的快速普及，推特、微信、微博、知乎、百度贴吧、抖音、快手等大批社交网络平台快速崛起，成为人们随时随地生产信息、传播信息、表达观点的重要载体。与其他事物一样，信息从产生到消失会经历一个完整的生命周期。为此，以生命周期理论为基础，根据生长曲线特点将复杂社会网络信息传播过程分为潜伏期、成长期、成熟期、衰退期四个阶段。

（1）潜伏期。在潜伏期，复杂社会网络中的信息尚处在萌芽阶段。在这一时期，网民对相关话题响应不强烈，尚处于积蓄力量阶段，网络空间信息传播尚未实现从"隐性"向"显性"的形式转换，且通常蕴含在碎片化的海量信息中，只有极少数发布在较大自媒体平台的信息能够成功引起公众关注。一旦累积的潜在力量达到一定程度，相关信息会逐渐扩散，网络空间信息传播将由潜伏期进入下一阶段。

（2）成长期。当复杂社会网络空间信息积累的潜在力量达到一定阈值时，便会进入成长期。在该时期，种类繁多且具有强大生命力的新兴媒介和具有强大影响力的传统媒介融合发展，使信息逐渐从"隐性"向"显性"转变，并经过公众的持续深入互动交流，催生出丰富的多元观点，甚至产生与观点完全相左的不同群体类别。

（3）成熟期。在复杂社会网络信息传播的成熟期，大众的观点趋于一致，真相逐步显现，网络空间所传播的信息以及反映的社会问题逐渐得以解决。这一阶段，具有代表性的、影响力较强的群体，如意见领袖、网络推手等不断涌现，在信息传播过程中起到带头作用，主流观点逐渐形成，复杂社会网络信息传播达到高峰期。

（4）衰退期。从信息整体传播演变过程看，网络空间信息传播的衰减是一个必然现象。在没有新的偶发性刺激因素介入的前提下，公众的关注度会逐步减弱，信息传播议题的感染力和影响力逐渐降低。此外，随着新的热点问题产生，新的话题也会不断涌现，原信息将渐渐退出大众视野。

通常而言，复杂社会网络信息传播生命周期的不同阶段具有不同特点。其中，潜伏期时间或长或短，而成长期和成熟期时间均呈现比较短的特征，甚至短短几天就会淡出网民视线进入衰退期。需要指出的是，一般衰退期持续时间比较久，尤其当相似事件再次发生时，衰退期会持续更长一段时间。

2.2　复杂社会网络信息传播突变影响因素

网络技术的飞速发展丰富了人们表达观点、态度的方式，也对社会和谐稳定产生了越来越重要的影响。分析信息传播突变影响因素，可为后续章节进行复杂社会网络信息传播突变规律与调控研究奠定重要的研究基础。本节将从网民、政府及官方权威媒体、意见领袖、信息内容四个维度阐述复杂社会网络信息传播突变的影响因素。

（1）网民大众。网民社会层次、道德素养、心理等对复杂社会网络空间信息传播具有重要影响。一方面，网民的社会层次多样性决定了他们在复杂社会网络空间信息传播中的不同立场和态度。另一方面，网民的道德素养能够显著影响其在信息传播中的客观程度。此外，逆反心理、仇官仇富心理、非理性从众心理等也会刺激网民传播相关信息，影响其表达意见、态度和观点。

（2）政府及官方权威媒体。政府及官方权威媒体在复杂社会网络信息传播突变调控过程中扮演着报道事实真相、维护公众利益和社会稳定的关键角色，对复杂社会网络信息传播突变调控具有重要影响。例如，突发事件发生后，政府及有关部门若能第一时间采取措施，并通过官方媒体等渠道及时发布权威信息，解答网民的疑问，将能够有效控制相关信息的进一步扩散，避免不必要的恐慌和误解。相反，若处置不当，则极易导致谣言等未经证实的虚假信息混淆视听，在网络空间大规模扩散，甚至导致事件升级演变为其他公共事件，严重阻碍社会秩序正常运行。

（3）意见领袖。意见领袖是充当复杂社会网络空间信息和影响的重要来源，是能够左右多数人态度情感倾向的少数人（苏妍嫄、刘海鸥、张亚明，2021）。复杂社会网络用户受从众心理影响，极易跟风传播相关信息，进而影响相关信息的传播趋势，对复杂社会网络信息传播突变过程具有重要影响。

（4）信息内容。复杂社会网络信息量庞大，而用户的时间和精力有限，只有与广大网民关注点相契合，或影响网民切身利益的热点话题才会引起网民的热烈讨论，从而形成体现网民群体倾向性的信息并大规模传播扩散，形成突变。特别地，当某一社会问题积蓄很久或某种愤慨情绪被长期压抑时，一旦被触发极易引起广大网民的共鸣，导致复杂社会网络空间海量相关信息大规模扩散，甚至引起社会混乱。

2.3　信息传播复杂网络

复杂网络（complex network）是一种具有自组织、自相似、小世界、无标度等特性的网络（汪小帆、李翔、陈关荣，2006）。如今，复杂网络研究成果日趋丰硕，为管理学、计算机科学、社会学、情报学、新闻传播学等多个专业注入了新动能，成为连接不同专业的桥梁与纽带。其中，"七桥问题""随机图理论""小世界实验"等被公认为是复杂网络研究领域中的里程碑事件。如今，随着国内外学者研究的深入，复杂网络理论得到迅速发展与完善，并涌现出规则网络、随机网络、小世界网络、无标度网络等多种经典的复杂网络模型，为分析信息传播问题奠定了重要基础。

2.3.1　信息传播网络基本拓扑性质

网络节点度、平均度、平均路径长度、聚类系数、度分布是信息传播网络的基本拓扑性质。本节主要分析无向无权网络拓扑性质。

（1）度与平均度。信息传播网络 G 中有 N 个用户节点，M 条连边。用户节点 i 的度数 k_i 是指与该用户节点直接相连的边的数目。信息传播网络中，所有用户节点 i 的度数 k_i 的平均值称为该信息传播网络平均度，记为 $\langle k \rangle$。

假设信息传播网络 G 的邻接矩阵为 $A = (a_{ij})_{N \times N}$，则有：

$$k_i = \sum_{j=1}^{N} a_{ij} = \sum_{j=1}^{N} a_{ji} \qquad (2-1)$$

$$\langle k \rangle = \frac{1}{N} \sum_{i=1}^{N} k_i = \frac{1}{N} \sum_{i,j=1}^{N} a_{ij} \qquad (2-2)$$

信息传播网络节点度与网络边数 M 的关系为：

$$2M = N\langle k \rangle = \sum_{i=1}^{N} k_i = \sum_{i,j=1}^{N} a_{ij} \qquad (2-3)$$

因而有：

$$M = \frac{1}{2}N\langle k \rangle = \frac{1}{2} \sum_{i=1}^{N} k_i = \frac{1}{2} \sum_{i,j=1}^{N} a_{ij} \qquad (2-4)$$

$$\langle k \rangle = \frac{2M}{N} \qquad (2-5)$$

（2）平均路径长度。信息传播网络中两个用户节点 i 与节点 j 之间的最短路径是指连接这两个用户节点的边数最少的路径。信息传播网络用户节点 i 和节点 j 之间的距离 d_{ij} 是指连接这两个用户节点的最短路径上的边数。

信息传播网络平均路径长度 L 是指任意两个用户节点之间距离的平均值，即：

$$L = \frac{1}{C_N^2} \sum_{1 \leqslant i < j \leqslant N} d_{ij} \qquad (2-6)$$

其中，N 为信息传播网络用户节点数目。

（3）聚类系数。信息传播网络中，用户 i 的两个好友很可能彼此也互为好友，这反映了用户关系网络的紧密程度，在复杂网络中一般用聚类系数表示。假设信息传播网络用户节点 i 的度数为 k_i，即有 k_i 个用户节点与之直接相连。显然，k_i 个相邻节点之间最多有 $C_{k_i}^2$ 条边。然而，现实情境中信息传播网络用户节点 i 的所有相邻节点未必两两互为邻居节点。假设用户节点 i 的 k_i 个邻居节点之间实际存在边数为 E_i，则定义信息传播网络用户节点 i 的聚类系数 C_i 为：

$$C_i = \frac{E_i}{C_{k_i}^2} = \frac{2E_i}{k_i(k_i - 1)} \qquad (2-7)$$

另外，从几何图上看，E_i 也可看作是以用户节点 i 为顶点的三角形数目。令以用户节点 i 为中心的连通三元组表示包括用户节点 i 的 3 个节点，并且至少存在两条从节点 i 到其他两个节点的连边，则以用户节点 i 为中心的连通三元组的数目实际上就是包含用户节点 i 的三角形最大数目，即 $k_i(k_i-1)/2$。由此可得出信息传播网络用户节点 i 聚类系数的几何定义，即包含节点 i 的三角形数目与以节点 i 为中心的连通三元组数目的比值。

令信息传播网络 G 的邻接矩阵为 $A=(a_{ij})_{N\times N}$，当且仅当 $a_{ij}a_{jk}a_{ki}=1$ 时，i，j，k 三个用户节点构成一个三角形，则包含用户节点 i 的三角形数目可表示为：

$$E_i = \frac{1}{2}\sum_{j,k}a_{ij}a_{jk}a_{ki} = \sum_{j<k}a_{ij}a_{jk}a_{ki} \qquad (2-8)$$

因此，信息传播网络用户节点的聚类系数可写为：

$$C_i = \frac{2E_i}{k_i(k_i-1)} = \frac{1}{k_i(k_i-1)}\sum_{j,k}^{N}a_{ij}a_{jk}a_{ki} \qquad (2-9)$$

或者：

$$C_i = \frac{\sum_{i\neq j,i\neq k,j\neq k}a_{ij}a_{ik}a_{jk}}{\sum_{i\neq j,i\neq k,j\neq k}a_{ij}a_{ik}} \qquad (2-10)$$

整个信息传播网络的聚类系数定义为信息传播网络中所有用户节点 i 的聚类系数 C_i 的平均值，即：

$$C = \frac{1}{N}\sum_{i=1}^{N}C_i \qquad (2-11)$$

显然，$0\leqslant C\leqslant 1$。当信息传播网络中所有用户节点聚类系数均为 0 时，有 $C=0$；当信息传播网络中所有用户节点聚类系数均为 1 时，有 $C=1$，此时网络中任意两个用户节点均相互连接。

（4）度分布。信息传播网络节点度分布情况可用分布函数 P(k) 进行描述，即在信息传播网络中随机抽取一个用户节点度值为 k 的概率。目前，最重要与最常见的概率分布是正态分布，也称高斯分布。正态分布往往存在一个明显的特征标度，其分布曲线呈钟形对称，即绝大部分数据落在均值 〈k〉 附近，当远离 〈k〉 时曲线呈指数下降。此外，与钟形曲线不同，现有很多信息传播网络也呈长尾分布特征，即大部分个体取值比较小，但有少数个体取值非常大。长尾分布与正态分布不同，往往不存在单一的特征标度，故也称长尾分布为无标度分布。

2.3.2　规则网络

规则网络是指系统中各节点之间以某种相同规则相互连接而形成的网络。

典型的规则网络主要包括 3 种，即全局耦合网络、最近邻耦合网络以及星形网络。其中，全局耦合网络中的节点两两相连，最近邻耦合网络中的每个节点仅与相邻的 k 个节点相连，而星形网络是以某一个节点为中心，实现与其他所有节点的相连。

2.3.3　随机网络

20 世纪 50 年代末，由厄尔多斯和雷尼（Erdos and Renyi）提出的 ER 模型是最经典的随机网络。与规则网络不同，随机网络节点之间的连接方式是随机的。随机网络生成过程中，通常在 N 个独立节点中随机选取两个节点，使之在不重复连接的情况下以概率 p 相连，直至网络中边的总数满足 $E = pN(N-1)/2$。

2.3.4　小世界网络

现实生活中，人们日常所接触到的网络往往介于规则网络与随机网络之间，且同时兼有二者的部分特性。其中，比较典型的为沃茨和斯特朗加茨（Watts and Strongatz）提出的 WS 小世界网络，构造算法如下。

（1）从规则网络图开始。给定一个含有 N 个节点的环状最近邻耦合网络，其中每个节点都与它左右相邻的各 K/2 个节点相连，K 是偶数。

（2）随机化重连。将上述规则网络图中的每条边以概率 p 随机重新连接，即令边的其中一个端点保持不变，边的另一端以概率 p 选择与网络中剩余 N − K − 1 个节点中任意一个节点相连接。规定任意两个不同节点之间最多只能有一条边，即若重连的两个节点之间有边，则该边就不进行重连。

在上述模型中，p = 0 对应完全规则网络，p = 1 对应完全随机网络，通过调节参数 p 可以生成小世界网络，实现规则网络向随机网络的过渡。

2.3.5　无标度网络

WS 小世界网络度分布是一种近似的泊松分布形式，即在度平均值〈k〉处有一峰值，然后呈指数快速衰减。然而，除小世界网络外，现实社会网络还具有无标度特征，即网络中存在某些个别度大的节点，而其他大部分节点度值较小，致使节点度分布呈现幂律分布特征。为了分析幂律分布的形成机理，A. L. 巴拉巴西（2005）提出了 BA 无标度网络模型，指出复杂社会网络的两个重要特性：

（1）增长特性，即复杂社会网络的规模是不断增长扩大的；

（2）优先连接特性，即新加入的节点往往更倾向于与网络中已经存在且度数较大的节点相连，这种现象也被称为"富者愈富"或"马太效应"。

基于这两种特性，BA 无标度网络可按如下算法构造。

（1）增长机制。从一个具有 m_0 个节点的连通网络开始，每次添加一个新节点，并与 m 个已经存在的节点相连接，且满足 $m \leqslant m_0$。

（2）优先连接机制。新加入的节点与一个已经存在的节点 i 相连接的概率 Π_i 与节点 i 的度数 k_i 满足如下关系：

$$\Pi_i = \frac{k_i}{\sum_j k_j} \qquad\qquad (2-12)$$

2.4　经典传播动力学模型

鉴于复杂社会网络信息传播与流行疾病扩散具有某种相似性，学者往往基于传染病动力学模型展开研究。其中，W. O. 克马克和 A. G. 麦肯德里克（Kermack W O and McKendrick A G，1927）提出的仓室模型为学者的研究奠定了坚实基础。在仓室模型中，不同仓室代表不同的研究对象。根据传播规则不同，仓室模型已演变为多种类型，如 SI 模型、SIS 模型、SIR 模型等。

2.4.1　SI 模型

SI 模型将人群划分为两类，即易感者（S）和感染者（I）。令总人数为 N，时刻 t 两类人群占总人数的比例分别记为 s(t) 和 i(t)，s(t) + i(t) = 1，易感染者人数为 Ns(t)，感染者人数为 Ni(t)。令常数 λ 为每个感染者每天有效接触的平均人数，即日接触率，意味着每个感染者平均每天可以使 λs(t) 个易感染者感染。因此，每天有 λNs(t)i(t) 个易感染者被感染，即感染者人数 Ni(t) 的增加率为 λNs(t)i(t)。由此可得人群之间的转化过程表达式如下：

$$Ni(t + \Delta t) - Ni(t) = \lambda Ns(t)i(t)\Delta t \qquad\qquad (2-13)$$

进而有：

$$N\frac{di(t)}{dt} = \lambda Ns(t)i(t) \qquad\qquad (2-14)$$

设 $t = 0$ 时的比例 i_0，求解得：

$$i(t) = \frac{1}{1 + (1/i_0 - 1)e^{-\lambda t}} \qquad\qquad (2-15)$$

2.4.2　SIS 模型

在 SI 模型的基础上，SIS 模型假设感染者每天恢复的人数占感染者总数的比例为 μ，称为日恢复率，感染者恢复后会再次成为易感染者，则 $1/\mu$ 表示的是平均感染周期。因此有：

$$N\frac{di(t)}{dt} = \lambda Ns(t)i(t) - \mu Ni(t) \qquad\qquad (2-16)$$

进而有：

$$\begin{cases} \dfrac{di(t)}{dt} = \lambda i(t)(1 - i(t)) - \mu i(t) \\ i(0) = i_0 \end{cases} \qquad\qquad (2-17)$$

求解可得：

$$i(t) = \begin{cases} \left[\dfrac{\lambda}{\lambda - \mu} + \left(\dfrac{1}{i_0} - \dfrac{\lambda}{\lambda - \mu}\right)e^{-(\lambda - \mu)t}\right]^{-1}, & \lambda \neq \mu \\ \left(\lambda t + \dfrac{1}{i_0}\right)^{-1}, & \lambda = \mu \end{cases} \qquad (2-18)$$

令 $\sigma = \lambda/\mu$，由 λ 和 $1/\mu$ 的含义可知，σ 表示在一个感染期内，每一个感染者有效接触的平均人数，称为接触率，由式（2 - 18）可知，当 $t \to \infty$ 时：

$$i(\infty) = \begin{cases} 1 - \dfrac{1}{\sigma}, & \sigma > 1 \\ 0, & \sigma \leqslant 1 \end{cases} \qquad\qquad (2-19)$$

接触数 $\sigma = 1$ 是一个阈值。当 $\sigma \leqslant 1$ 时，感染者比例 $i(t)$ 越来越小，最终会趋近于零，这是因为感染期内经有效接触，易感染者变为感染者的人数不会超过原来感染者人数；当 $\sigma > 1$ 时，$i(t)$ 的增减性取决于 $i(0)$ 的大小，但其极限值 $i(\infty) = 1 - 1/\sigma$ 会随着 σ 的增加而增加。由此可知，SI 模型可以视为 SIS 模型的特例。

2.4.3　SIR 模型

SIR 模型假设感染者恢复后具有很强的免疫能力，故将人群划分为易感染者、感染者以及免疫者三种类型。三种类型人群在总人数 N 中所占比例分别为 s(t)、i(t)、r(t)。感染者的日接触率为 λ，日恢复率为 μ，$\sigma = \lambda / \mu$。显然：

$$s(t) + i(t) + r(t) = 1 \qquad (2-20)$$

且式（2-16）依然成立，对于免疫者来说，应有：

$$N \frac{dr(t)}{dt} = \mu N i(t) \qquad (2-21)$$

初始时刻的易感染者和感染者的比例分别记为 $s_0 > 0$ 和 $i_0 > 0$，免疫者初始值为 $r_0 = 0$，根据式（2-16）、式（2-20）和式（2-21），SIR 模型的方程可以写为：

$$\begin{cases} \dfrac{ds(t)}{dt} = -\lambda s(t) i(t) \\[2mm] \dfrac{di(t)}{dt} = \lambda s(t) i(t) - \mu i(t) \\[2mm] \dfrac{dr(t)}{dr} = \mu i(t) \\[2mm] i(0) = i_0, \ s(0) = s_0 \end{cases} \qquad (2-22)$$

对模型进行分析可知，若 $s_0 > 1/\sigma$，则 i(t) 增加，当 $s_0 = 1/\sigma$ 时，i(t) 达到最大值 $i_m = s_0 + i_0 - (1 + \ln \sigma s_0)/\sigma$，随后 i(t) 逐渐减小并趋于 0。若 $s_0 \leq 1/\sigma$，则 i(t) 逐渐减小并趋于 0。此外，由式 $\sigma = \lambda / \mu$ 可知，有关部门应对水平越高，日接触率 λ 越小，日恢复率 μ 越大，σ 会越小，因此，应对水平的提升对扩散控制具有积极作用。

在 SIR 模型中，σ 是一个非常重要的参数，可以根据实际数据估计 σ 的数值，因为初始值 i_0 通常很小，所以略去 i_0。可得：

$$\sigma = \frac{\ln s_0 - \ln s_\infty}{s_0 - s_\infty} \qquad (2-23)$$

2.5　本 章 小 结

本章首先剖析了复杂社会网络信息传播潜伏期、成长期、成熟期、衰退期四个阶段的生命周期特征。其次，从网民、政府及官方权威媒体、意见领袖、信息内容四个维度阐述复杂社会网络信息传播突变的影响因素。再次，把用户当作节点，把用户之间的关注关系当作边，分析信息传播复杂网络相关理论。最后，归纳了经典的传播动力学模型，为进一步研究复杂社会网络信息传播突变问题奠定了基础。

第3章 事件驱动的复杂社会网络 信息传播突变形成机制分析

社会网络正逐步成为信息传播的重要载体，并根本性变革了信息传播方式。尤其自然灾害、社会安全、健康危机等事件发生后，相关信息极易在复杂社会网络中广泛传播并引发强烈的社会共鸣，致使信息生态系统发生突变。本章通过深入挖掘海量网络空间数据，剖析事件驱动的社会网络信息传播突变特征，并基于事件系统理论探究事件"强度—时间—空间"并行驱动的复杂社会网络信息传播突变形成机制。

3.1 问题描述

信息技术的飞速发展以及移动智能终端的快速普及极大地加速了信息传播速度，使虚拟世界和现实世界交织渗透，使得网络健康生态建设变得空前重要。然而，随着社会网络的跨越式发展，人们的生活行为习惯逐渐发生变化。很多事件发生后，公众倾向随时随地转发、分享和评论各种相关信息，致使信息传播呈现井喷态势。尤其虚假信息传播突变不仅误导公众认知，还极易使公众产生负面情绪，甚至诱发非理性群体行为等连锁反应，不仅增加了对原生事件的管理难度，还可能带来新的社会安全问题（王治莹和李勇建，2017）。特别是近年来，甘肃6.2级地震、毕节突发山火、新冠疫情等事件的频繁发生给人们的生活和社会稳定带来了巨大冲击，使人们心中笼罩着层层阴霾。在这些外在事件驱动下，信息不仅快速扩散且极易突变，在短时间内形成强大的网络信息风暴，给政府危机应对和应急管理带来极大挑战。因此，以事件为切入点，挖掘复杂社会网络信息传播突变特征，并深入剖析信息传播突变形成机制，对有效引导网络空间信息传播极为重要。

3.2　事件驱动的复杂社会网络信息传播突变特征

智能传播时代，很多事件发生后，相关信息在短时间内受到复杂社会网络空间公众全方位关注，尤其自然灾害、事故灾难、公共安全等事件的突然爆发极易导致信息出现几何裂变，同时随事态发展阶段性差异化演变表现出"纪念日"特征，且在人机共生交互下驱动出多种表达。为此，本节基于海量网络空间数据，挖掘事件驱动下复杂社会网络信息传播突变特征，以直观展现网络空间信息传播涌现突变的态势。

3.2.1　低燃点多焦点辐射性裂变

一方面，自然灾害、事故灾难、公共安全等事件的发生，常常伴随着人员伤亡和重大财产损失，一旦发生将迅速点燃公众负面情绪，成为复杂社会网络空间公众关注的焦点。另一方面，由于公众所处环境和情景存在差异，受灾区与非受灾区公众关注的焦点不同，使得灾害相关信息在网络空间中呈现多角度、多层次、全方位的态势，并在交叉碰撞中进一步衍生出新信息，呈现多焦点辐射性演化特征（苏妍嫄、张亚明、刘海鸥，2021）。刘璐和张小明（2022）在研究中对白银景泰"5·22"越野赛微博用户数据进行梳理，发现网民对突发事故灾难的关注主题呈现多元化特点，并且不同主题的情感态度有所区别。

3.2.2　阶段性差异性情绪化涌现

一方面，不同类型的事件带给公众的情绪反应不同，由此驱动的相关信息传播也存在差异性特点。例如，面对自然灾害等事件时，人们往往空前团结，复杂社会网络空间所传播的信息会表现出众志成城、共同抗灾的精神面貌。面对公共卫生事件时，网络空间公众可能会呈现出一定的恐慌和焦虑情绪。而面对事故灾难，特别是人为因素造成的灾害事故时，基于"人祸"的因素则更容易激发民众的情感，情绪化表达极为突出（裴江南和葛一迪，2020）。另一方面，事件爆发后应急管理任务复杂且关键，涉及事前、事中、事后全过程，且包括灾情、救援、捐款、后续安置等多个方面，不同阶段公众关注的焦点不一致使相关信息阶段性波浪式涌现。以暴雨事件为例，通常事件尚未发生时，公众的关注点主要集中在预防措施和预警系统上，而当暴雨发生时，公众的关注焦点会迅速转向救援行动和灾情本身，公众在传播相应信息时通常呈现高度紧张和焦虑的情绪。随着救援工作的深入和灾情的逐渐明朗，公众的关注焦点又会转向捐款和后续安置等问题，导致海量信息呈现分阶段性差异化涌现的特点。

3.2.3　沉痛场景烙刻符号型记忆

一方面，事件爆发瞬间可能会造成无数生命的消逝，如洪水泛滥、房屋倒塌等具有较强震撼性的情景画面，往往会给灾民留下深刻印象和难以愈合的伤痕，因而常表现出"纪念日"特征，即每年进入事件发生时间或在发生同类事件时均易唤起公众集体记忆并驱动相关信息在复杂社会网络空间突发性增长。如在 2023 年 7 月 31 日北京暴雨事件中，2012 年 "7·21" 北京特大暴雨、2021 年河南 "7·20" 特大暴雨事件等相关信息均再次引起公众的广泛关注与讨论。而汶川大地震发生至今，每年都会有 "周年祭" 相关报道（徐开彬和徐仁翠，2018），汶川地震渐渐演变成一个文化符号，灾难记忆以其特殊的方式反映在事件相关的信息传播过程中。另一方面，由于一些事件会根据其特点、性质、地点等命名，使得公众更容易记忆事件的发生过程和影响，并在很长一段时间内会存在集体性记忆回访，致使相关信息也随之涌现。

3.2.4　人机共生驱动多类型表达

一方面，社交机器人在复杂社会网络信息传播中扮演着日益重要的角色，且常被不法分子操纵，传播各种带有倾向性和误导性的虚假信息和谣言，致使复杂社会网络空间涌现出多类型表达，对公众的认知和判断产生干扰。尤其在 AIGC 时代，社交机器人已经具备了引发人类用户讨论和分享的能力（师文和陈昌凤，2020），不仅可以主动与人类用户互动，还能以欺骗性的方式诱导人类用户主动与其交流（Shao C et al.，2018）。有研究表明，少量的社交机器人就足以引发 "沉默的螺旋"，从而改变公众观点态度的倾向性（Cheng C，Luo Y and Yu C，2020）。例如，T. 坎德等（Khaund T et al.，2018）在探讨飓风和地震等自然灾害时指出，社交机器人会利用与灾害相关的标签进行多类型表达，进而传播错误信息并掺杂政治讨论，从而误导信息传播的方向。另一方面，不同类型的事件发生后，各类信息传播主体在传播过程中的侧重点各异，因而在交互过程中会产生多种类型的信息，包括情感表达、事实陈述、行动呼吁、谣言及辟谣等。值得一提的是，网民不仅是信息接收者，更是信息传播的重要参与者。在多主体交互传播的过程中，他们通过图片、音频、视频等多种形象化的表达方式发布信息，从而引发公众的共情与共鸣。这种多类型的信息表达方式使得网络信息呈现出多类型演变的态势。

3.3　事件系统理论

事件系统理论深入探讨了事件的内在特征，将时空融入组织理论，弥补了特征导向研究所忽视的时空考量，同时有效整合变异导向和过程导向两种理论范式的长处，揭示了与事件相关组织现象的多层次性和时间动态性，丰富了事件导向理论（刘东和刘军，2017）。在进行事件驱动的复杂社会网络信息传播突变研究时，事件系统理论认为信息传播必须综合考虑事件强度、事件时间和事件空间这三个核心要素，及其对公众传播行为的重要影响。

首先，事件强度属性涉及事件的新颖性、颠覆性和关键性。其中，新颖性反映了事件与公众既有知识或经验的差异程度；颠覆性阐释了事件对实体常规活动的冲击和干扰；关键性体现了事件对组织目标实现的重要影响。此外，公众在复杂社会网络空间传播信息时，除传递信息内容外，更反馈了公众认知。一方面，重大突发事件、重大危机事件的相关信息不同于常态化信息，具有突发性、颠覆性等属性，致使信息的传播速度和影响范围迅速扩大。另一方面，群体通过社会网络动态互动，不断生成和重构对突发事件、危机事件等信息的理解，进一步增强信息传播的复杂性和突变性。

其次，事件的时间属性涉及事件发生时机、持续时间以及演化过程，且每一个因素都对塑造公众对事件的感知和反应具有重要影响。一般来说，发生在特殊时期、持续时间较长、持续影响范围不确定或在发展过程中不断演化的事件极易衍生出新的危机事件，增强公众对事件的关注程度及传播意愿，进而在复杂社会网络空间迅速集聚，导致信息传播突变。

最后，在研究事件与实体之间的关系时，空间属性是一个不容忽视的重要因素，包括事件发生地、事件扩散范围以及事件与个体之间的距离。其中，距离越近的事件往往会对实体产生更直接和显著的影响。例如，在事件发生地周边的公众更倾向于传播相关信息，同时事件发生地影响力越大、波及范围越广，公众传播相关信息的倾向越明显。因此应全面考虑空间属性，以更准确地衡量事件的作用和冲击力，进而有效应对事件驱动的复杂社会网络信息传播突变及其带来的负面影响。

3.4　基于事件系统理论的复杂社会网络信息突变形成机制

3.4.1　事件总体强度空前催生复杂舆论场

1. 事件罕见性激发公众掌控欲

罕见性高和冲击力强的事件往往更易吸引公众关注，刺激公众的求知欲和掌控欲。在当今信息爆炸的时代，当面对具有高度新颖性和罕见性的事件时，人们往往会对其产生更浓厚的兴趣和好奇心。尤其事件所带来的信息缺口会进一步刺激公众探索、了解事件背后的深层次原因和可能的影响。近年来，自然灾害的跨地区、跨季节等反常特征表现得越发明显，当突如其来的自然灾害爆发时，若事件的规模、强度和影响超出人们认知而导致应对经验不足或无法及时开展救援措施时，极易刺激公众收集和分享相关信息。例如，杜洪涛等（2017）指出，云南鲁甸地震灾害信息传播的高潮消散较慢与此次地震的级别为云南地区罕见的 6.5 级有一定关联。同时，有些灾害事件爆发还涉及复杂的自然现象和科学原理，公众对这些反常现象和爆发原因充满了好奇，这也进一步刺激公众去了解相关信息。除自然灾害外，工业事故、交通事故等灾难类事件也极易引起公众关注。由于这类事件的发生与行业的管理和技术水平有着密切联系，事故发生的原因、责任追究、防范措施等是公众关注和探索的重点。冯兰萍等（2021）在研究中指出，"天津爆炸"事件中网民关心事故处理进展及责任调查情况。此外，当面对新冠肺炎等公共卫生类事件时，特别是一些罕见疾病、疫情，由于初期病毒源头、传播途径、潜伏时间均未知，且难以依靠传统治疗方法取得较好的医治效果，公众往往会迫切期望掌握尽可能多的健康信息以疏解恐慌情绪。这也反映了事件罕见性、新颖性对相关网络信息传播的驱动作用。类似地，当恐怖袭击、社会动荡等社会安全事件发生时，公众对于社会治理等相关方面信息的渴求度急剧增加，致使相关信息大规模涌现。

2. 事件颠覆性刺激公众分享欲

事件的颠覆性，指事件对社会、个人或组织现有结构、观念或价值观产生的冲击或改变程度。尤其一些突发的、意外的或与预期相悖的事件，往往打破了人们对于事物的常规认知或期待,因而不仅刺激公众分享自身感受、经历或已得到的信息,而且驱动社会网络中信息传播的突变。一方面,强烈的颠覆性事件通常伴随着明显的情绪波动,在情绪驱动下公众的分享欲不仅极大地被激发,而且助力信息在社会网络上传播。如自然灾害类事件爆发后,不仅导致电网、道路等基础设施出现瘫痪,还可能引发次生、衍生类危机事件,颠覆社会秩序与生活方式,给人们的正常工作和生活造成巨大困扰。这些事件发生后,公众情绪往往会经历从震惊、恐慌到愤怒、悲伤等复杂的变化过程,人们会通过各种方式分享自己的经历和感受,寻求支持和安慰,致使社交平台充斥着大量的负面情绪信息,造成信息传播情感倾向改变。另一方面,颠覆性事件打破了人们的常规认知框架,个体通常倾向于通过在社交媒体进行互动来增强自我认同。此外,近年来一些事件还暴露出地方政府处置不当、慈善捐款去向有待核实等问题,激化了社会矛盾,颠覆了公众的信任感,促使相关信息大范围扩散并发生突变。

3. 事件关键性致使公众内心"防火墙"崩塌

事件的关键性作为事件总体强度的一个核心组成部分,直接关联到事件对个体及社会产生的长期影响。一方面,根据马斯洛需求层次理论,生命安全是人类最基本的层次需求之一,当某事件威胁到人类生产生活甚至生命安全时,公众内心的"防火墙"极易崩塌,进而急迫搜索和查阅信息并迫切转发,导致舆论空间形成突变。另一方面,自然灾害等事件的发生不仅对人们的生理需求构成威胁,还影响社会秩序和经济稳定,进而触动公众安全层面的需求。例如,洪水灾害不仅会导致直接的生命财产损失,还可能引发次生灾害,造成长期的社会经济问题,如就业减少和贫困风险增加,进一步加剧公众的焦虑和不安,导致公众内心"防火墙"的崩溃,促使他们持续关注相关信息并在复杂社会网络中广泛传播相关内容,催生出复杂且多变的信息舆论场。

3.4.2　事件时间紧迫加剧公众情感波动

1. 事件爆发时机特殊性致使公众心态骤变

事件爆发时机指事件发生的具体时间点或时间段。事件爆发时机的特殊性极易进一步放大事件的影响,加剧公众情感波动,进而引起公众心态发生骤变。例如,2021 年湖北"6·13"燃气爆炸事件,事件发生时正逢端午假期,现场的视频被网友上传至自媒体平台后,在短时间内迅速扩散,引起媒体和社会各界的高度关注。

2. 事件持续时间不确定性促使相关信息成为关注焦点

事件持续时间直接影响事件对社会、个人或组织的影响深度和广度。然而，公众对事件的险情严重程度和持续时间很难做出准确判断，对其后续影响也难以估量。这种不确定性会增加公众的焦虑及紧张情绪，促使相关信息成为关注焦点。以自然灾害为例，虽然地震的震动只持续几秒钟，但其带来的余震和次生灾害可能绵延数天甚至数周。如 2010 年的智利地震，虽然主震持续时间很短，但随后的余震和海啸却带来巨大的破坏，导致人员伤亡。在这样的情况下，关于地震的发生时间和持续时长成为公众关注的焦点。这些信息在网络空间中迅速传播，形成了一股强大的信息流。而有些事件本身持续时间就较长，对公众生活、经济乃至社会造成长期影响，公众往往会通过采取搜集、转发相关信息等措施，长期关注事件进展，以便了解和应对相应事件。

3. 事件动态变化推动信息主题更迭

网络信息传播主题的更迭通常受到事件发展、社会热点、政府应对等多种因素的影响。事件发展存在多个阶段，随着时间的推移事件不断发生动态变化，与之相关的信息传播主题和社会声音也不断演化。如自然灾害事件涉及灾难救援、灾后重建等多个环节，且不同阶段面临的问题不同，使得救援信息、灾后重建等各种关联主题交替更迭。例如，在 2021 年河南"7·20"特大暴雨期间，郑州等灾区的公众更希望获取如何保障自身生命安全和紧急救援的信息，而暴雨过后公众则关注受损基础设施修复、受灾社区重建、地区经济恢复等相关信息。

3.4.3　事件空间扩散驱动信息传播突变

1. 事件爆发地高影响力触发公众敏感神经

通常来说，事件的爆发地或源头影响力越大，越容易触发公众的敏感神经，引起公众的广泛关注，进而促使相关信息迅速涌现。一方面，事件发生地的特殊性可以显著增加事件的影响力，从而引发更广泛的公众关注和情感反应。以人口密集且基础设施建设相对完备的大城市为例，一旦具备新颖性、颠覆性和关键性属性的事件在大城市爆发，公众的情感共鸣会不断加强，促使事件相关信息更快地在社会网络中传播，并激起强烈的公众反应，致使信息传播速度和范围快速增长。另一方面，对于以独特自然风光、历史文化遗产或旅游资源而闻名的高影响力城市而言，其社会文化底蕴深厚。尤其因自然灾害导致宝贵的自然和文化财富受损时，公众对于不可再生资源和文化遗产的情感价值会引发更广泛而深刻的关注与共鸣（阮文奇等，2020）。

2. 事件分布空间广拔高公众关注度

事件的空间分布特征对社会网络信息传播突变也有重要影响。尤其是在自然灾害类事件中，这些属性能显著提高事件的公众关注度。一方面，灾害的广泛影响和巨大规模使事件不再局限于爆发地，其破坏性和波及范围会扩展而深刻影响整个自然、社会和经济环境。例如，2023 年 7 月至 9 月，台风"杜苏芮"残余环流北上，致使中国十余个省份遭遇极端强降雨，尤其是河北和北京这些重灾区的受灾情况及其引发的人员伤亡、失踪、流离失所等情况，引起了公众极大的关注和同情。此类事件的强大破坏性不仅加剧了公众的恐慌情绪，还在网络空间引发了大量关于"暴雨""城市内涝"等相关信息的传播扩散，相关灾害造成的损失及次生灾害也随之成为网络空间讨论的热点。另一方面，事件的空间扩散连续性不仅能够显著提高事件的公众关注度，还能促进信息在不同地区之间流动。例如，2024 年初，河北燕郊镇发生严重燃气爆炸事故，同天中午辽宁省抚顺市发生了一起重大坠罐事故。两起事件的地理位置虽然不同，但事件具有类似的性质和时间的连续性，引发空间信息的广泛传播，进而激发了公众对于生产安全的广泛讨论。这种集体反应在社会网络上迅速传播，极易形成信息传播的突变现象。

3. 事件爆发于公众周边诱发非理性荒谬言论

事件的地理接近性是指事件发生的地点与个体所在地点的物理距离。众所周知，地理接近的事件通常会促使周边公众大量传播相关信息，甚至包括各种猜测、未经证实的虚假信息或谣言。尤其在复杂社会网络环境下，这种空间上的地理接近性更增强了事件信息的传播动力，导致信息过载，使得公众难以及时筛选和验证准确的事件信息，甚至可能被虚假或误导性信息所困扰，诱发各种非理性或荒谬言论，致使负面信息充斥网络空间。

3.5 本章小结

通过对事件驱动下网络信息相关数据进行分析，挖掘网络信息传播突变特征，发现事件驱动的复杂社会网络信息传播呈现辐射性裂变、情绪化振荡、记忆性唤醒、多类型表达等突变涌现态势，给政府应对信息大规模扩散带来了多重压力和挑战。同时，事件的强度、持续时间和空间范围等多维属性共同对复杂社会网络信息突变扩散产生重要的时空导向驱动作用。本章工作将为后文提出的复杂社会网络信息传播协同引导策略提供理论支撑。

第4章 风险感知交叉演变下复杂社会
网络信息传播突变模型

自媒体时代，公众可借助各种网络平台实时表达情感、态度、意见和观点。由于公众所处环境、个人经历、知识结构等各不相同，对同一事件具有不同的风险感知水平并交叉演变，使得信息传播突变过程更加复杂，致使次生衍生突发事件以及连锁反应爆发风险不断增大，挑战政府的治理与控制能力，引起巨大负面效应，对公共安全、社会和谐稳定甚至国家安全构成了严重威胁。由此可见，结合个体差异性研究风险感知交叉演变影响下的复杂社会网络信息传播突变内在规律，对健全网络空间信息传播引导机制、完善国家治理体系和促进治理能力现代化具有重要意义。

4.1 问 题 提 出

构建传播动力学模型并进行系统仿真是当前剖析复杂社会网络信息传播突变机制的主要研究方法。然而值得注意的是，现有研究普遍将处在同一状态的个体归为一类而忽略了公众风险感知的异质性影响。风险感知是指个体对存在于外界的各种客观风险的感受和认识，并强调是个体由直观判断和主观感受所获得的经验对认知产生的影响（Slovic P，1987）。事实上，由于公众知识结构、所处环境、生活经历等具有差异性（Chen S et al.，2020；李钢和王秉达，2020），即便暂时处在同一状态的公众也会具有不同的风险感知水平进而产生不同的传播倾向。特别是重大突发事件发生后，面对网络空间涌现的大量信息，大部分公众会因信息不对称而凭借个人知识储备、经验阅历做出判断，并根据感知的风险决定是否传播相关信息进而表现出相应行为。一般而言,信息内容与自身工作生活等关联越密切的公众,其风险感知水平越高,越倾向于传播相关信息,而关联度相对较弱的公众的风险感知水平较低,公众更倾向于经过理性思考后再做决定,且伴随《关于办理利用信息网络实施诽谤等刑事案件适用法律若干问题的解释》《网络信息内容生态治理规定》等法律法规的出台,公众在网络空间传播相关信息、发表言论越来越谨慎理智。

除此之外,公众风险感知水平还随自身对相关信息的掌握情况以及形势发展变化发生交叉演变。一方面,随着公众对信息所描述相关事宜与自身关联度了解的深入,公众风险感知水平逐渐交叉演变。例如,当起初认为与自身关联度不大的公众发现亲朋好友深陷其中时,风险感知水平会由低度演变为高度。相反,当起初高度恐慌的公众发现自身及家人好友所受影响较小时,风险感知水平会由高度演变为低度。另一方面,事态发展变化对公众风险感知水平交叉演变具有驱动影响。公众风险感知水平既可能受外界影响随事态发展恶化而逐渐上升,同时也可能随公众对事态可控性的了解以及问题得到解决而逐渐下降。

综上所述,本章拟基于公众风险感知异质性与演变性双重视角,剖析公众风险感知交叉演变机制,构建复杂社会网络信息传播突变动力学模型,通过实证分析与数值仿真验证模型的有效性,进一步揭示公众风险感知交叉演变下复杂社会网络信息传播突变机制。

4.2　公众风险感知交叉演变机制分析

公众收到相关信息后,往往会根据信息所描述事件的可控性、对经济社会以及自身工作生活产生的影响等评估并感知风险。由于公众所处环境、个人阅历等存在差异,面对同一问题往往产生不同程度的风险感知,进而在收到相关信息时产生不同的传播行为。为简单起见,将公众风险感知水平分为两类,即高度风险感知与低度风险感知。其中,具有高度风险感知的公众通常受信息传播内容影响较大或对相关信息极度敏感。这类公众往往受到相关信息刺激,处在恐慌、焦虑状态,迫切想要了解并转发给更多公众,甚至对信息真假失去理性判断能力,在收到相关信息后更容易出现盲目传播的行为。与之相反,具有低度风险感知的公众一般受信息传播内容的影响较小。这类公众能够理性看待所接收的信息，往往更倾向于查阅相关资料或思考后再决定是否传播。

　　一般而言，公众风险感知水平并非一成不变。一方面，随着公众对相关事件的深入了解，公众风险感知水平逐渐发生交叉演变。当公众发现信息所描述问题或事件并非如自己想象的那样可怕或不可控时，风险感知水平更侧重向低度交叉演变；而当公众意识到事件或问题的严重威胁性、危害性时，风险感知水平更侧重向高度交叉演变。特别地，由于公众所处环境、个人经历等诸多方面具有异质性，某一阶段不同公众风险感知水平演变方向也存在差异，因而存在高低风险感知水平同步演变的情境。如地震灾害发生后，当地震级数与烈度不是很大时，距离震中较远或未有震感的公众通常风险感知水平较低，但当这些公众得知亲朋好友恰好在震中或附近工作时，风险感知水平通常会由低度向高度演变，而对于身处外地但家乡在震中附近的公众而言通常起初风险感知水平较高，但与家人沟通后发现未受较大影响时风险感知水平会逐渐降低，因此对于同一信息，不同公众在同一时段风险感知水平存在同步交叉演变现象。另一方面，受事态发展驱动影响，公众风险感知水平同样也会发生交叉演变。若事态应对不当，朝负向演变并逐渐恶化，则交叉演变中公众风险感知水平逐渐上升；若事态得到有效应对，朝正向演变且逐渐好转，则交叉演变中公众风险感知水平逐渐下降。

　　为剖析公众风险感知交叉演变机理，假设伴随公众对相关问题的深入了解，公众由高度风险感知自发演变为低度风险感知的概率为 δ，由低度风险感知自发演变为高度风险感知的概率为 ζ。受事态发展驱动影响，公众风险感知交叉演变中由高度演变为低度的概率为 δ'，由低度演变为高度的概率为 ζ'。令事态发展对公众风险感知交叉演变所产生的驱动作用为 σ，当事态应对不当，逐渐恶化时，则：

$$\delta' = \delta e^{-\sigma}$$
$$\zeta' = 1 - (1 - \zeta) e^{-\sigma} \tag{4-1}$$

当事态得到有效处理与应对时，则：

$$\delta' = 1 - (1 - \delta) e^{-\sigma}$$
$$\zeta' = \zeta e^{-\sigma} \tag{4-2}$$

　　两种情形下，公众风险感知交叉演变概率变化趋势分别如图 4-1 和图 4-2 所示。

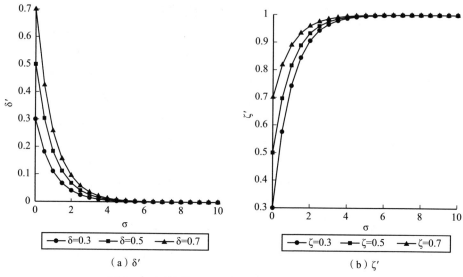

（a）δ′ （b）ζ′

图 4 - 1　恶化情形下公众风险感知交叉演变概率

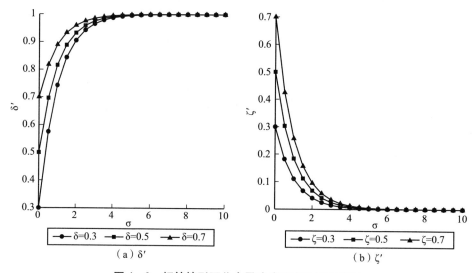

（a）δ′ （b）ζ′

图 4 - 2　好转情形下公众风险感知交叉演变概率

4.3　复杂社会网络信息传播突变模型构建

4.3.1　信息传播突变机制分析

根据前人的研究及上述分析，复杂社会网络中公众类型可以分为 5 种，即高度风险感知未知者（S_1），低度风险感知未知者（S_2），犹豫者（E），传播者（I），免疫者（R）。其中，高度风险感知未知者指尚未听说某信息，但因受到相关事件刺激处在极度恐慌、焦虑状态，收到相关信息后难以理性判断且易盲目传播的公众。低度风险感知未知者指尚未听说某信息，但收到相关信息后易倾向理性思考判断的公众。犹豫者表示已经收到相关信息，但对信息真假持怀疑态度且尚未传播的公众。传播者表示正在传播相关信息的公众。免疫者表示得知相关信息，但对此没有兴趣或认为信息为虚假信息不进行传播的公众。考虑公众风险感知差异及交叉演变特征，提出如下复杂社会网络信息传播突变规则，并据此剖析风险感知交叉演变下复杂社会网络信息传播突变机理。

（1）当某一高度风险感知未知者 $S_{1(i)}$ 接收到一位传播者 $I_{(j)}$ 发送的相关信息后，该高度风险感知未知者 $S_{1(i)}$ 可能因不确定信息真假，以概率 α 变为犹豫者 $E_{(i)}$，也可能迫切分享信息，以概率 β 变为传播者 $I_{(i)}$ 将信息传播给他人，还可能认为信息内容与实际情况不符，以概率 γ 变为免疫者 $R_{(i)}$，则状态转移过程可表示为：

$$S_{1(i)} + I_{(j)} \xrightarrow{\alpha} E_{(i)} + I_{(j)}$$

$$S_{1(i)} + I_{(j)} \xrightarrow{\beta} I_{(i)} + I_{(j)}$$

$$S_{1(i)} + I_{(j)} \xrightarrow{\gamma} R_{(i)} + I_{(j)} \qquad (4-3)$$

由于高度风险感知未知者 $S_{1(i)}$ 接收到传播者 $I_{(j)}$ 发送的相关信息后一定得知该信息，因而一定发生状态转移，故有 $\alpha + \beta + \gamma = 1$。

（2）当某一低度风险感知未知者 $S_{2(i)}$ 接收到一位传播者 $I_{(j)}$ 发送的相关信息后，该低度风险感知未知者 $S_{2(i)}$ 可能对此持怀疑态度，以概率 λ 变为犹豫者 $E_{(i)}$，也可能信以为真，以概率 ξ 变为传播者 $I_{(i)}$，将信息传播给他人，还可能对此毫无兴趣，以概率 η 变为免疫者 $R_{(i)}$。同上，该低度风险感知未知者 $S_{2(i)}$ 的状态转移过程可表示为：

$$S_{2(i)} + I_{(j)} \xrightarrow{\lambda} E_{(i)} + I_{(j)}$$

$$S_{2(i)} + I_{(j)} \xrightarrow{\xi} I_{(i)} + I_{(j)}$$

$$S_{2(i)} + I_{(j)} \xrightarrow{\eta} R_{(i)} + I_{(j)} \qquad (4-4)$$

由于低度风险感知未知者 $S_{2(i)}$ 接收到传播者 $I_{(j)}$ 发送的相关信息后一定得知该信息，因而一定发生状态转移，故有 $\lambda + \xi + \eta = 1$。

（3）当某一公众为犹豫者 $E_{(i)}$ 时，该犹豫者 $E_{(i)}$ 经过查阅资料论证后，可能觉得信息所论述内容有一定道理，以概率 θ 变为传播者 $I_{(i)}$，也可能经过理性思考后判定接收的信息为虚假信息或认为传播此信息没有实际意义，以概率 $(1-\theta)$ 变为免疫者 $R_{(i)}$。该犹豫者 $E_{(i)}$ 的状态转移过程可表示为：

$$E_{(i)} \xrightarrow{\theta} I_{(i)}$$

$$E_{(i)} \xrightarrow{1-\theta} R_{(i)} \qquad\qquad (4-5)$$

（4）当某一传播者 $I_{(i)}$ 将相关信息传播给他人后，该传播者 $I_{(i)}$ 可能因精力有限，随着时间推移以概率 ε 停止传播变为免疫者 $R_{(i)}$，则该传播者 $I_{(i)}$ 的状态转移过程可表示为：

$$I_{(i)} \xrightarrow{\varepsilon} R_{(i)} \qquad\qquad (4-6)$$

（5）随着公众对事件的进一步了解以及事态的发展变化，未知者的风险感知水平也不断发生交叉演变。假设 i 为高度风险感知未知者 $S_{1(i)}$，j 为低度风险感知未知者 $S_{2(j)}$，在事态发展驱动影响下，高度风险感知未知者 $S_{1(i)}$ 以概率 δ' 转变为低度风险感知未知者 $S_{2(i)}$，低度风险感知未知者 $S_{2(j)}$ 以概率 ζ' 转变为高度风险感知未知者 $S_{1(j)}$。

$$S_{1(i)} \xrightarrow{\delta'} S_{2(i)}$$

$$S_{2(j)} \xrightarrow{\zeta'} S_{1(j)} \qquad\qquad (4-7)$$

4.3.2　风险感知交叉演变下的 S_1S_2EIR 信息传播突变模型

根据上述分析，分别用 $S_1(t)$，$S_2(t)$，$E(t)$，$I(t)$ 和 $R(t)$ 表示 t 时刻高度风险感知未知者 S_1、低度风险感知未知者 S_2、犹豫者 E、传播者 I、免疫者 R 的密度。这里忽略网络空间人数变化，则有 $S_1(t) + S_2(t) + E(t) + I(t) + R(t) = 1$。根据上述传播规则，公众各状态转移概率可分别写为：

$$p_{S_1 \to E} = \alpha I(t)$$

$$p_{S_1 \to I} = \beta I(t)$$

$$p_{S_1 \to R} = \gamma I(t)$$

$$p_{S_2 \to E} = \lambda I(t)$$

$$p_{S_2 \to I} = \xi I(t)$$

$$p_{S_2 \to R} = \eta I(t)$$

$$p_{S_1 \to S_2} = \delta'$$

$$p_{S_2 \to S_1} = \zeta'$$

$$p_{E \to I} = \theta$$

$$p_{E \to R} = 1 - \theta$$

$$p_{I \to R} = \varepsilon \qquad (4-8)$$

其中，概率 α、β、γ、λ、ξ、η、θ、ε、δ、ζ 均位于 $[0,1]$，外在事件对公众风险感知交叉演变所产生的驱动作用 σ 为非负常数。根据上述分析，公众风险感知交叉演变下复杂社会网络信息传播突变过程可用图 4 - 3 表示。

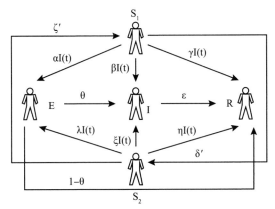

图 4 - 3　公众风险感知交叉演变下复杂社会网络信息传播突变过程

综上所述，可构建如下公众风险感知交叉演变下复杂社会网络信息传播突变 $S_1 S_2 EIR$ 模型：

$$\frac{dS_1(t)}{dt} = -S_1(t)I(t) - \delta' S_1(t) + \zeta' S_2(t)$$

$$\frac{dS_2(t)}{dt} = -S_2(t)I(t) - \zeta' S_2(t) + \delta' S_1(t)$$

$$\frac{dE(t)}{dt} = \alpha S_1(t)I(t) + \lambda S_2(t)I(t) - E(t)$$

$$\frac{dI(t)}{dt} = \beta S_1(t)I(t) + \xi S_2(t)I(t) + \theta E(t) - \varepsilon I(t)$$

$$\frac{dR(t)}{dt} = \gamma S_1(t)I(t) + \eta S_2(t)I(t) + (1-\theta)E(t) + \varepsilon I(t) \qquad (4-9)$$

4.3.3　$S_1 S_2 EIR$ 模型基本再生数分析

在复杂社会网络信息传播突变过程分析中，基本再生数 R_0 是衡量网络空间信息能否大规模扩散致使信息传播过程发生突变的重要参数，表示无干预情形下复杂社会网络中的公众全部为未知者时，引入一个信息传播者所能影响人数的平均值。当基本再生数 $R_0 < 1$ 时，网络空间信息不会大规模扩散，信息生态系统有序运行；而当基本再生数 $R_0 > 1$ 时，网络空间信息会呈现大规模扩散趋势，信息生态系统陷入失衡突变状态。

定义 $x = [E(t), I(t), R(t), S_1(t), S_2(t)]^T$，分别构造函数 $F(x)$、$V(x)$、$V(x) = V^-(x) - V^+(x)$。其中，$F(x)$ 表示各类型中出现新增信息传播者的概率，$V^+(x)$ 表示由其他类型公众转变为该类型公众的概率，$V^-(x)$ 表示由该类型公众转变为其他类型公众的概率，则有 $x' = F(x) - V(x)$。根据式 (4-9)，有：

$$F(x) = \begin{bmatrix} \alpha S_1(t)I(t) + \lambda S_2(t)I(t) \\ \beta S_1(t)I(t) + \xi S_2(t)I(t) \\ 0 \\ 0 \\ 0 \end{bmatrix} \qquad (4-10)$$

$$V(x) = \begin{bmatrix} E(t) \\ -\theta E(t) + \varepsilon I(t) \\ -\gamma S_1(t)I(t) - \eta S_2(t)I(t) - (1-\theta)E(t) - \varepsilon I(t) \\ S_1(t)I(t) + \delta' S_1(t) - \zeta' S_2(t) \\ S_2(t)I(t) + \zeta' S_2(t) - \delta' S_1(t) \end{bmatrix} \qquad (4-11)$$

显然，当复杂社会网络中相关信息不存在时，信息生态系统处于稳定状态，此时信息生态系统仅存在两类未知者，即有 $E_0 = (0, 0, 0, S_1^*, S_2^*)$ 为系统平衡点。由式 (4-9) 可知，$S_1^* = \zeta'/(\delta' + \zeta')$，$S_2^* = \delta'/(\delta' + \zeta')$。$F(x)$、$V(x)$ 在 E_0 处分别求导可得：

$$DF(E_0) = \begin{bmatrix} F & 0 \\ 0 & 0 \end{bmatrix}, \quad DV(E_0) = \begin{bmatrix} V & 0 \\ J_1 & J_2 \end{bmatrix}$$

其中，

$$F = \begin{bmatrix} 0 & \alpha\zeta'/(\delta' + \zeta') + \lambda\delta'/(\delta' + \zeta') \\ 0 & \beta\zeta'/(\delta' + \zeta') + \xi\delta'/(\delta' + \zeta') \end{bmatrix}, \quad V = \begin{bmatrix} 1 & 0 \\ -\theta & \varepsilon \end{bmatrix}$$

则有：

$$FV^{-1} = \begin{bmatrix} \dfrac{\theta[\alpha\zeta'/(\delta' + \zeta') + \lambda\delta'/(\delta' + \zeta')]}{\varepsilon} & \dfrac{\alpha\zeta'/(\delta' + \zeta') + \lambda\delta'/(\delta' + \zeta')}{\varepsilon} \\ \dfrac{\theta[\beta\zeta'/(\delta' + \zeta') + \xi\delta'/(\delta' + \zeta')]}{\varepsilon} & \dfrac{\beta\zeta'/(\delta' + \zeta') + \xi\delta'/(\delta' + \zeta')}{\varepsilon} \end{bmatrix}$$

$$(4-12)$$

可得 FV^{-1} 的谱半径为：

$$R_0 = \rho(FV^{-1}) = \frac{\theta(\alpha\zeta' + \lambda\delta') + \beta\zeta' + \xi\delta'}{\varepsilon(\delta' + \zeta')} \qquad (4-13)$$

由式（4-13）可知，基本再生数与外在事件对异质风险感知公众的影响力以及公众风险感知水平交叉演变性具有密切关系，这些因素对网络空间信息能否大规模扩散发生突变以及信息生态系统能否有序运行具有重要影响。其中，当其他因素保持不变时，若事件对异质风险感知公众的影响力 β、ξ 不断增大，使得基本再生数 R_0 由小于 1 的值逐渐增大至 1 时，网络空间相关信息将逐渐扩散，且扩散规模随着基本再生数 R_0 的增大而增大，信息生态系统失衡突变程度也逐渐增大。

4.4　仿真分析

为了验证公众风险感知交叉演变下复杂社会网络空间信息传播突变 S_1S_2 EIR 模型的有效性，并进一步分析信息传播突变机制，借助 Matlab 平台，以"北京新发地疫情"为例，通过实证数据对比研究与数值仿真进行分析。

4.4.1　S_1S_2 EIR 模型有效性分析

2020 年 6 月 11 日北京新增 1 例新冠肺炎确诊病例，次日报告显示新发地市场环境样本核酸检测呈阳性，且截至当天 24 时新增的多例本地新冠肺炎确诊病例均具有新发地市场活动史，致使"北京新发地疫情"成为公众讨论的热点。同时，不同地域的公众关注度存在差异，风险感知水平具有异质性。为此，以 2020 年"北京新发地疫情"为例对 S_1S_2 EIR 模型的有效性进行分析。图 4-4（a）为"知微事见"平台统计的相关信息传播趋势。在 S_1S_2 EIR 模型仿真中，结合现实情境令初始时刻信息传播者 I 密度为 0.001，由于此前国内新冠疫情已逐渐好转，故假设初始时刻高度风险感知未知者 S_1 密度为 0.1，低度风险感知未知者 S_2 密度为 0.899，其他状态公众密度为 0。此外，由于严峻的疫情形势骤然而至，北京立即进入战时状态，公众面对疫情反弹也再次陷入恐慌，故设置各概率分别为 α = 0.2、β = 0.7、γ = 0.1、λ = 0.3、ξ = 0.4、η = 0.3、θ = 0.7、ε = 0.3、δ' = 0.3、ζ' = 0.7，得到模型仿真结果，如图 4-4（b）所示。对比图 4-4（a）与图 4-4（b）可以发现，S_1S_2 EIR 模型仿真结果与"北京新发地疫情"网络空间相关信息真实数据传播趋势基本一致，因此模型具有有效性。

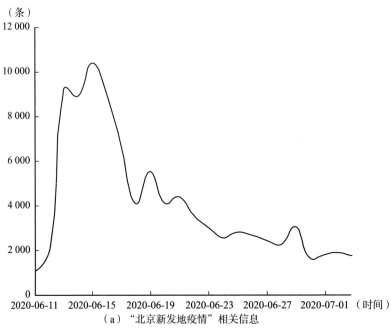

（a）"北京新发地疫情"相关信息

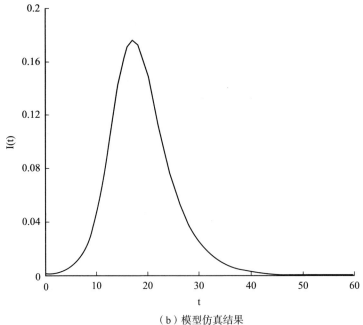

（b）模型仿真结果

图4-4　"北京新发地疫情"相关信息与模型仿真对比

资料来源：（a）https：//ef. zhiweidata. com；（b）笔者自制。

4.4.2　复杂社会网络信息传播突变过程分析

为了进一步分析复杂社会网络信息传播突变各状态公众变化趋势，如图 4-5 所示，采用与 4.4.1 相同的参数设置，显示公众风险感知交叉演变下相关信息传播突变过程。从图 4-5 可以看出，犹豫者 E、传播者 I 的密度呈先上升后下降的趋势，免疫者 R 的密度呈持续上升趋势。这 3 种变化趋势与前人的研究成果基本一致。然而需要注意的是，对于同样处在未知状态的两类风险感知公众，二者密度变化趋势存在差异。其中，低度风险感知未知者 S_2 的密度不断下降直到系统达到稳定状态，而高度风险感知未知者 S_1 的密度呈现先上升后下降的趋势。这是因为初始时刻复杂社会网络空间相关信息尚未扩散开，仅有暴发地少部分公众知道相关事宜，且对具体信息尚不了解，构成最初的高度风险感知未知者。如"北京新发地疫情"暴发前夕，多地无新增本土病例，大部分公众将注意力集中在复工、复产、复学等方面，对疫情发展变化情况关注度较之前相对降低，对北京新发地疫情关注度更是少之又少，甚至很多非京公众此前尚未听过新发地农产品批发市场。因而当北京出现新增本土新冠肺炎病例时，只有患者周边极少部分公众为高度风险感知未知者。然而，伴随时间的推移以及事件的发展变化，初期的低度风险感知未知者逐渐意识到问题的严重性，因而在收到相关信息前逐渐向高度风险感知未知者状态转移，致使高度风险感知未知者密度逐渐上升，低度风险感知未知者密度逐渐下降。如随着北京新增新冠肺炎病例的不断增加以及防控工作的开展，低度风险感知未知者逐渐转变为高度风险感知未知者。特别是新发地农产品批发市场吞吐量大，且伴随在新发地市场活动的非京籍患者以及四川、河北等地关联病例的出现，相关地区公众的风险感知水平也逐渐由低度向高度转移。然而，虽然整体呈现低度风险感知未知者转向高度风险感知未知者的演变态势，但这一过程中也存在未知者风险感知水平逆向演变的情况。如随着防控工作的开展，部分起初比较敏感的非疫区高度风险感知未知者会认为疫情暂时可控，加之期间我国多个省份遭遇台风、洪涝灾害，这些公众风险感知水平也可能由高度转为低度。此外，随着复杂社会网络空间相关信息的传播扩散，越来越多的公众得知相关信息，致使高度风险感知未知者与低度风险感知未知者密度均逐渐降低。当系统达到稳定状态时，网络中仅存在高度风险感知未知者、低度风险感知未知者以及免疫者 3 种状态的公众。

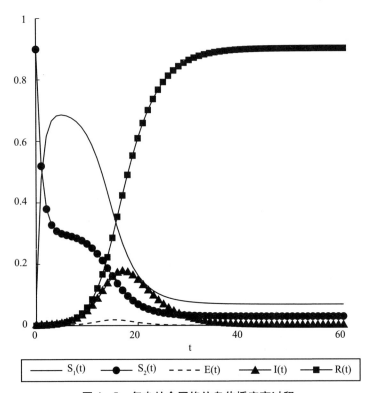

图 4-5　复杂社会网络信息传播突变过程

4.4.3　风险感知交叉演变对信息传播突变的影响

1. 关联事件对异质风险感知公众影响程度的作用分析

信息传播内容关联事件是公众感知到的主要风险源，事件特征是公众对信息所描述问题的风险判断并据此决定是否传播相关信息的主要依据。为此，本节分析关联事件对高度风险感知未知者 S_1 与低度风险感知未知者 S_2 的影响，进而探索关联事件影响力对信息生态系统失衡以及复杂社会网络信息传播突变的作用过程。由于传播概率 β、ξ 是刻画关联事件影响力的重要参数，传播者 I 密度最大值反映了复杂社会网络空间信息传播产生的最大影响，免疫者 R 密度最大值反映了网络空间信息传播扩散突变的最终范围，故主要通过分析传播者 I 和免疫者 R 密度随传播概率 β、ξ 的变化情况研究关联事件影响力对复杂社会网络信息传播突变的作用。

假设初始时刻高度风险感知未知者 S_1 密度为 0.1，低度风险感知未知者 S_2 密度为 0.899，传播者 I 密度为 0.001，犹豫者 E 与免疫者 R 密度均为 0。

图 4-6 和图 4-7 描绘了关联事件对高度风险感知未知者 S_1 与低度风险感知未知者 S_2 不同影响程度下，传播者 I 与免疫者 R 密度随时间的变化情况。其中，图 4-6 设置各参数分别为 $\lambda = 0.2$，$\xi = 0.4$，$\eta = 0.4$，$\theta = 0.3$，$\varepsilon = 0.5$，$\delta' = 0.5$，$\zeta' = 0.5$；图 4-7 设置各参数分别为 $\alpha = 0.2$，$\beta = 0.7$，$\gamma = 0.1$，$\theta = 0.3$，$\varepsilon = 0.5$，$\delta' = 0.5$，$\zeta' = 0.5$。在图 4-6 中分别取 $\alpha = 0.3$，$\beta = 0.6$、$\alpha = 0.2$，$\beta = 0.7$、$\alpha = 0.1$，$\beta = 0.8$，代入式（4-13）计算可得基本再生数 R_0 分别为 1.15、1.22、1.29，则理论上认为信息生态系统失衡，复杂社会网络空间信息传播过程发生突变，信息会得到大规模扩散，这与图中所示结果一致。同理，在图 4-7 中分别取 $\lambda = 0.3$，$\xi = 0.3$、$\lambda = 0.2$，$\xi = 0.4$、$\lambda = 0.1$，$\xi = 0.5$，代入式（4-13）计算可得基本再生数 R_0 分别为 1.15、1.22、1.29，理论上同样认为信息生态系统失衡，复杂社会网络空间信息传播过程发生突变，信息会得到大规模扩散，与图中所示结果一致。同时，从图 4-6 和图 4-7 中还可以看出，传播者 I、免疫者 R 密度最大值均随传播概率 β、ξ 的增大而增大，即关联事件对两类风险感知公众的影响程度越大，传播相关信息的人数越多，得知相关信息的人数也越多，信息生态系统失衡以及复杂社会网络信息传播突变情况越严重。

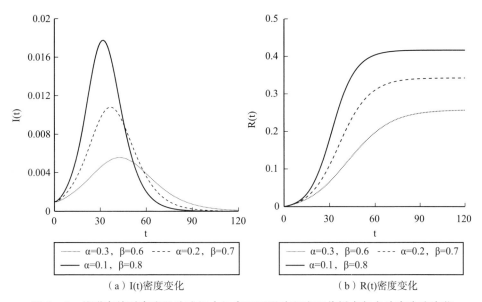

（a）I(t)密度变化　　　　　　　（b）R(t)密度变化

图 4-6　关联事件对高度风险感知未知者不同影响程度下传播者与免疫者密度变化

此外，为了进一步分析关联事件影响力对复杂社会网络信息大规模扩散突变过程的影响，图 4-8 显示了传播者密度最大值以及免疫者密度最大值随关

联事件影响力 β、ξ 的变化。从图 4-8 可以发现，伴随关联事件对异质风险感知公众影响程度的变化，当基本再生数 $R_0 > 1$ 时，传播者密度最大值以及免疫者密度最大值将呈现迅速增长趋势。由此可见，关联事件影响力对复杂社会网络空间信息能否大规模突变扩散以及信息生态系统能否稳定运行具有重要影响。

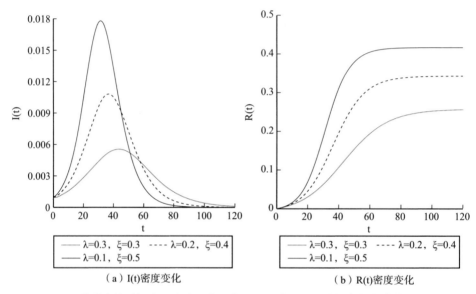

（a）I(t)密度变化　　　　　　　　　　（b）R(t)密度变化

图 4-7　关联事件对低度风险感知未知者不同影响程度下传播者与免疫者密度变化

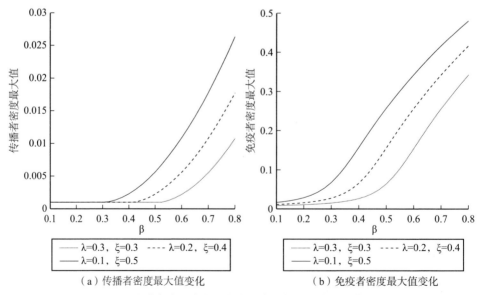

（a）传播者密度最大值变化　　　　　　　（b）免疫者密度最大值变化

图 4-8　关联事件影响力对复杂社会网络信息传播突变的影响

2. 公众风险感知异质性对信息传播突变的作用分析

公众风险感知水平及异质性体现了关联事件的波及范围，对复杂社会网络空间信息传播突变过程具有重要影响。一般来说，与信息内容所描述事件具有直接利益关系的公众通常具有较高的风险感知水平，而其他公众往往具有较低的风险感知水平。显然，若公众风险感知异质性较低且普遍具有较高的风险感知水平，则表明相关事件波及范围较广。为此，用高度风险感知未知者 S_1 与低度风险感知未知者 S_2 的密度差异表示公众风险感知异质性。当高度风险感知未知者密度较大时，表示事件波及范围较广，相反当低度风险感知未知者密度较大时，表示事件波及范围较小。设置各参数分别为 $\alpha = 0.2$，$\beta = 0.7$，$\gamma = 0.1$，$\lambda = 0.2$，$\xi = 0.3$，$\eta = 0.5$，$\theta = 0.3$，$\varepsilon = 0.5$，$\delta' = 0.5$，$\zeta' = 0.5$，分别分析传播者与免疫者的密度变化。

由图 4 - 9 可知，随着高度风险感知未知者密度的增大，复杂社会网络空间信息传播突变产生的最大影响与最终扩散规模均逐渐增大，且信息扩散速率也不断增大。这说明公众风险感知异质性越低且高度风险感知未知者越多，事件波及范围越广，与之关联的信息传播越快，影响范围越广。这一结果与现实情景是一致的，如图 4 - 4（a）所示，2020 年 6 月 11 日北京新增本土新冠肺炎病例 1 例，但由于相关部门网站往往在次日发布疫情通报，且病例发现后需要多维度排查，并不能立即锁定新发地市场，因而初始时刻并未引起公众的广泛关注，只有极少数公众处在高度风险感知未知者状态，"北京新发地疫情"相关信息尚未迅速扩散。但随着疫情信息发布以及与新发地市场相关的新增本土病例不断出现，公众逐渐产生恐慌情绪，"北京新发地疫情"相关信息关注人数迅速增长，越来越多的低度风险感知未知者演变为高度风险感知未知者，2020 年 6 月 13 日新发地市场休市，相关信息呈现迅猛增长，随后伴随疫情防控工作的迅速开展、新冠肺炎患者的救治以及北京疫情的好转，公众对"北京新发地疫情"相关信息的关注度也逐渐降低。

3. 公众风险感知交叉演变对信息传播突变的作用分析

公众风险感知交叉演变与关联事件事态发展紧密相关，既可能受外界影响，随关联事件恶化与矛盾激化而逐渐上升，也可能随公众对关联事件可控性的了解以及问题的解决而逐渐下降。这里假设初始时刻高度风险感知未知者 S_1 密度为 0.1，低度风险感知未知者 S_2 密度为 0.899，传播者 I 密度为 0.001，犹豫者 E 与免疫者 R 密度均为 0，设置各参数分别为 $\alpha = 0.2$，$\beta = 0.7$，$\gamma = 0.1$，$\lambda = 0.3$，$\xi = 0.3$，$\eta = 0.4$，$\theta = 0.3$，$\varepsilon = 0.4$，$\delta = 0.5$，$\zeta = 0.5$。下面分别对关联事件逐渐恶化与关联事件逐渐好转两种情形进行讨论。

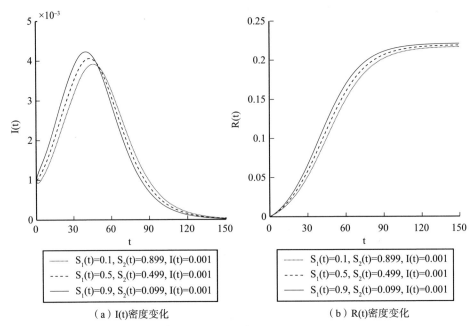

（a）I(t)密度变化　　　　　　　　　　　（b）R(t)密度变化

图4-9　公众风险感知异质性对传播者与免疫者密度影响

从图4-10可以看出，当不考虑外在关联事件驱动影响时，部分低度风险感知未知者会逐渐转变为高度风险感知未知者，致使复杂社会网络空间相关信息传播初期高度风险感知未知者密度逐渐增大。图4-10（a）显示了关联事件逐渐好转情形下各状态公众密度的变化趋势，图4-10（b）显示了关联事件逐渐恶化情形下各状态公众密度的变化趋势。由图4-10（a）可知，关联事件好转情形下随着事件驱动作用逐渐增强，公众风险感知交叉演变趋势发生转变，由低度风险感知未知者向高度风险感知未知者演变逐渐转换成由越来越多的高度风险感知未知者向低度风险感知未知者演变，致使低度风险感知未知者密度逐渐增大，并进一步削弱相关信息产生的影响，降低复杂社会网络空间相关信息最终扩散规模。与之相反，从图4-10（b）可以看出，外在关联事件恶化情形下，随着事件驱动作用逐渐增强，公众风险感知交叉演变过程中越来越多的低度风险感知未知者会逐渐转变为高度风险感知未知者，致使高度风险感知未知者密度越来越大，并进一步强化复杂社会网络空间信息传播突变产生的最大影响，增大信息最终扩散规模。此外，对比图4-10（a）与图4-10（b）还可以发现，外在关联事件驱动力度相同时，好转情形下事件驱动的公众风险感知交叉演变对复杂社会网络空间信息传播影响较大。这主要是因为大数据时代，信息生态系统信息量庞大且公众精力有限，若外在关联事件能迅速解决将不会引起广泛关注，且如今公众信息安全意识逐渐增强，当相关信息逐渐透明时公众普遍不会轻信谣言并传播。

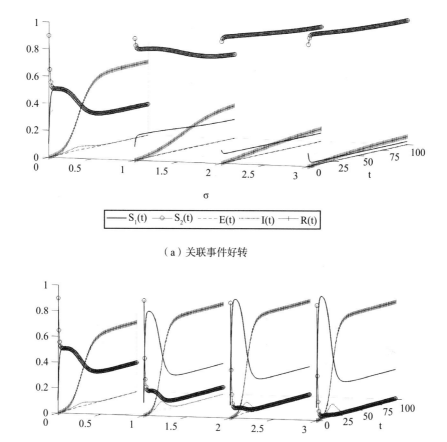

（a）关联事件好转

（b）关联事件恶化

图 4 – 10　关联事件对复杂社会网络信息传播突变过程的驱动影响

此外，为探究关联事件驱动下公众风险感知交叉演变程度对复杂社会网络信息传播以及信息生态系统失衡突变的影响，本节还分析了两个公众风险感知交叉演变概率同步变化时，复杂社会网络空间信息传播产生的最大影响程度以及最终扩散规模的变化趋势。这里假设初始时刻各状态公众密度不变，除公众风险感知交叉演变概率外，其他参数设置同上。横坐标表示高度风险感知未知者演变为低度风险感知未知者的概率 δ'，纵坐标表示低度风险感知未知者演变为高度风险感知未知者的概率 ζ'。图 4 – 11（a）、图 4 – 11（b）的颜色值分别为复杂社会网络信息传播产生的最大影响程度与信息最终传播规模。

从图 4 – 11 可以看出，随着高度风险感知未知者演变为低度风险感知未知者概率 δ' 的增大，复杂社会网络空间信息最大影响程度以及最终扩散规模均会不断减小；与之相反，随着低度风险感知未知者演变为高度风险感知未知者概率 ζ' 的增大，复杂社会网络空间信息传播突变产生的最大影响程度以及最终扩散规模均会不断增大。此外，根据图 4 – 11（a）、图 4 – 11（b）中对角线颜色变化情况可知，相同风险感知水平转移概率下，低度风险感知未知者演变为高度风险感知未知者所产生的影响大于高度风险感知未知者演变为低度风险感知未知者所产生的影响，致使网络空间信息产生的最大影响及最终扩散规模随公众风险感知水平交叉演变概率的增大而逐渐增大。这一结果启示政府等有关部门应积极采取各种措施，第一时间尽全力解决重大突发事件及相关问题，及时公布相关信息，消除公众疑虑，避免重大突发事件恶化造成公众风险感知水平提升及由此产生的次生衍生突发事件，有效引导公众理性思考，进而有效控制复杂社会网络空间信息大规模传播扩散，维护信息生态系统有序运行与社会和谐稳定。

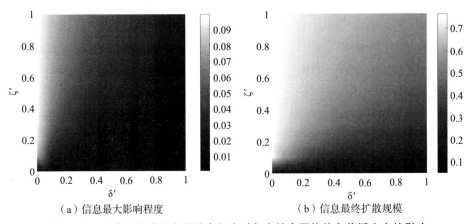

图 4 –11　公众风险感知交叉演变程度对复杂社会网络信息传播突变的影响

4.4.4　研究启示

根据上述仿真分析，得到如下研究启示。

（1）关联事件对异质风险感知未知者的影响程度对复杂社会网络空间信息能否传播扩散发生突变，以及信息生态系统能否有序运行具有重要作用。两类风险感知未知者受关联事件影响程度与信息扩散规模及产生的最大影响呈正相关关系，且低度风险感知未知者受关联事件影响程度加大时，对复杂社会网络空间信息传播突变过程的影响更大。

（2）公众风险感知水平及异质性对复杂社会网络信息传播与信息生态系统失衡突变具有重要影响，公众风险感知水平越高且差异越小，表明相关事件波及范围越广，信息产生的影响程度越大，最终扩散范围越广，信息生态系统失衡突变程度越严重。

（3）受关联事件发展趋势驱动影响，公众风险感知交叉演变对复杂社会网络空间信息传播突变具有重要作用。当事件逐渐恶化时，公众风险感知交叉演变过程中易由低度向高度转移，进而加剧相关信息传播扩散以及信息生态系统失衡突变。相反，当事件逐渐好转时，公众风险感知交叉演变过程中易由高度向低度转移，进而有助于抑制复杂社会网络空间信息大规模传播突变，有效防控信息生态系统失衡。

4.5　本章小结

公众收到信息后，往往会结合自身所感知的风险并依据个人知识储备与经验阅历等决定是否传播。本章考虑公众风险感知异质性与演变性双重特征，通过分析公众风险感知交叉演变机制，构建 S_1S_2EIR 复杂社会网络信息传播突变动力学模型，并求解基本再生数。此外，以"北京新发地疫情"为例验证模型的有效性，进而通过数值仿真揭示公众风险感知交叉演变下复杂社会网络空间信息传播突变内在机制。研究结果启示政府等有关部门在面对突发事件时应立即响应，降低事件等级，削弱事件影响力，缩小事件波及范围，及时查明真相并适时公开，消除公众疑虑，降低公众风险感知水平，进而减少事件在复杂社会网络信息传播突变过程中产生的负面影响，维持信息生态系统稳定有序运行，维护社会和谐稳定。

第5章　异质信息非对称强化下复杂 社会网络信息传播突变模型

第4章分析了公众风险感知交叉演变下复杂社会网络空间信息传播突变机制。本章将进一步分析异质信息非对称强化效用对复杂社会网络信息传播突变的影响，并根据不同网络度分布的差异，分别构建同质网络与异质网络信息传播突变动力学模型，分析复杂社会网络信息传播突变阈值及最终扩散规模。本章将采用数值仿真方法，运用 Matlab 平台分别生成 WS 小世界网络和 BA 无标度网络，模拟同质网络与异质网络中的信息传播突变过程，验证理论分析结果的正确性，并揭示异质信息非对称强化效用影响下复杂社会网络信息传播突变机制。

5.1　异质信息非对称强化问题提出

洛伦兹（Lorenz）提出的"蝴蝶效应"指出，初始时刻系统微小的变动就能引发连锁反应，给整个系统造成巨大危害。在人人都有麦克风，人人都是自媒体的时代，一条微小信息便会因所描述内容的特殊性引起人们在情感上的共鸣，如果未及时得到正确引导极易引发大规模扩散，发生突变（王光辉和刘怡君，2015），从而对公众态度、信念、行为产生重大而深远的影响（Einwiller S A and Kamins M A，2008），甚至威胁国家安全与社会稳定。研究复杂社会网络信息传播突变规则，分析网络空间信息传播突变内在机理，进而揭示复杂社会网络信息传播突变机制具有重要的理论意义与应用价值。

现有研究已在复杂社会网络信息传播方面取得了一定进展。考虑到信息传播与疾病传播的相似性与差异性（Wang W et al.，2014），很多研究基于传染病动力学模型，同时结合信息传播社会属性提出复杂社会网络信息传播动力学模型，以揭示信息传播的内在规律。然而，这些研究大多集中于研究用户主体自身属性对复杂社会网络信息传播过程的影响，而忽略了异质观点信息的作用，如强化机制。强化机制是指个体在采取行动之前，会受到他人观点的叠加扰动影响（Karrer B and Newman M E J，2010）。目前已有成果表明网络空间中他人观点对用户传播行为具有重要作用（Liu C et al.，2015），但这些成果仅研究了正向或负向其中一种强化机制对复杂社会网络信息传播的影响（Zheng M，Lv L and Zhao M，2013；王辉等，2013；廖列法等，2016）。但事实上，在诸多事宜尚不确定时，网络空间相关信息所描述内容的模糊性极强，人们各自的生活阅历、教育经历又存在差异，复杂社会网络空间中，信息传播后很容易同时产生异质观点，且异质观点受到的群众支持力度也有所不同，进而形成影响用户传播行为的非对称强化效用，推动复杂社会网络信息大规模扩散突变。特别是由于官方发布的权威信息等相对滞后，部分未知者收到相关信息后不能立刻确定是否传播，而是暂时处在犹豫状态，经过一段时间的思考后再做决定。这时异质观点信息的非对称强化效用就会同时影响犹豫状态用户的决策。此外，即便是信息传播者，在传播过程中也会对所传播的信息产生怀疑，同样会受到非对称强化效用的影响。

为此，本章提出异质信息非对称强化效用并给出定义，即用户在复杂社会网络空间传播相关信息前，会同时受到外界关于异质观点的非对称累积影响。借鉴传统的 SIR 模型思想并加以改进，通过分析异质信息非对称强化效用对复杂社会网络信息传播突变的影响，构建 IHSR（Ignorant-Hesitant-Spreaded-Recovered）传播突变动力学模型，进而研究异质信息非对称强化下复杂社会网络信息传播突变机制。

5.2　异质信息非对称强化下信息传播突变动力机制

5.2.1　用户状态分析

借助图论思想，用无向网络 G =（V，E）抽象表示信息传播网络，其中顶点集合 V 表示用户主体，连边集合 E 表示用户之间的关系。由于很多信息产生后短时间内便会在复杂社会网络空间形成大规模扩散趋势并形成突变，因此可以忽略网络中用户数量的变化。假设网络 G 中共有 N 个用户，根据上述分析可知，每个用户在各时刻分别属于如下四种状态中的一种：未知状态（ignorant）、犹豫状态（hesitant）、传播状态（spread）、免疫状态（recovered）。

为了方便，取各状态首字母进行简化命名，即分别用 I、H、S、R 表示四种用户状态。其中，未知状态 I 表示用户从未听到过相关信息，对信息毫不知情，类似于传染病 SIR 模型易感者状态 S；犹豫状态 H 表示用户听过相关信息，但对该信息的真实性等表示怀疑或并不十分了解，对是否传播信息犹豫不决，该状态为本章考虑复杂社会网络信息传播特性后在 SIR 模型基础上新引入的状态；传播状态 S 表示用户相信复杂社会网络信息并进行传播，类似于 SIR 模型传播者状态 I；免疫状态 R 表示用户知道此信息但不相信该信息是真实的或对该信息毫无兴趣，因而不在复杂社会网络空间传播该信息，类似于 SIR 模型免疫者状态 R。上述四种状态中，只有处在传播状态 S 的用户会在复杂社会网络空间传播相关信息。

5.2.2　异质信息非对称强化效用对传播概率的影响

考虑到复杂社会网络空间信息内容自身可靠度的不确定性、用户掌握信息的不对称性以及用户受教育程度的差异性等原因，当复杂社会网络用户收到相关信息后很容易做出不同的判断，在整个现实社会环境下形成两种对立的异质观点，且异质观点受群众支持的力度也有所不同，进而构成正负两种同时影响用户传播行为的异质信息非对称强化效用。其中，正向强化效用促进复杂社会网络信息传播，负向社会强化效用抑制复杂社会网络信息传播。

定义异质信息非对称强化效用表示正负两种强化效用对用户传播行为产生的综合影响。如前所述，这种综合影响对犹豫状态和传播状态用户的传播行为具有重要作用。假设正向强化效用的强度系数为 b，负向强化效用的强度系数为 c。由于强化效用具有非线性累计效用（阚佳倩、谢家荣、张海峰，2014），采用指数函数抽象表示异质信息非对称强化效用影响。定义正向强化效用影响下用户由犹豫状态 H 转变为传播状态 S、免疫状态 R，以及由传播状态 S 转变为犹豫状态 H 的概率分别为 $\lambda_b = 1 - (1 - \lambda) e^{-b}$，$(1 - \lambda)_b = (1 - \lambda) e^{-b} = 1 - \lambda_b$，$\xi_b = \xi e^{-b}$。同理，定义负向社会强化效用影响下上述用户在各状态间的转换概率分别为 $\lambda_c = \lambda e^{-c}$，$(1 - \lambda)_c = 1 - \lambda e^{-c} = 1 - \lambda_c$，$\xi_c = 1 - (1 - \xi) e^{-c}$。当受到现实社会正向或负向单一强化效用的影响时，用户由犹豫状态 H 转变为传播状态 S 的转换概率，以及用户由传播状态 S 转变为犹豫状态 H 的转换概率变化曲线如图 5-1 和图 5-2 所示。

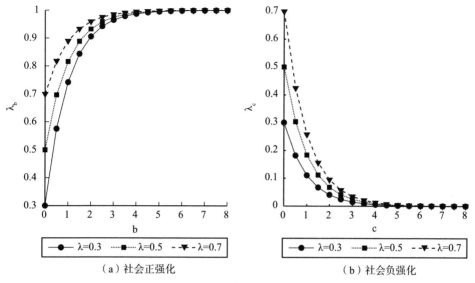

图 5－1　犹豫状态转变为传播状态的概率

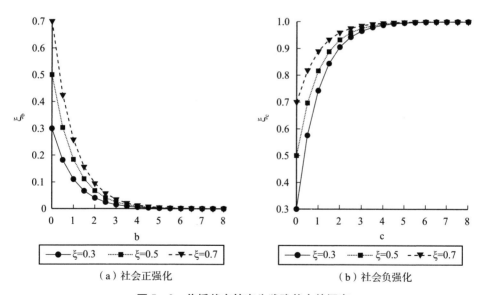

图 5－2　传播状态转变为犹豫状态的概率

当受到现实社会异质信息非对称强化效用影响时，根据正负强化效用强度的大小，采用加权平均法分别定义复杂社会网络空间用户由犹豫状态 H 转变为传播状态 S、免疫状态 R，以及由传播状态 S 转变为犹豫状态 H 的有效转换概率，即：

$$\begin{cases} \lambda' = \dfrac{b+1}{b+c+2}\lambda_b + \dfrac{c+1}{b+c+2}\lambda_c = \dfrac{(b+1)\left[1-(1-\lambda)e^{-b}\right]+(c+1)\lambda e^{-c}}{b+c+2} \\[4mm] (1-\lambda)' = \dfrac{b+1}{b+c+2}(1-\lambda)_b + \dfrac{c+1}{b+c+2}(1-\lambda)_c \\[4mm] \qquad = \dfrac{(b+1)(1-\lambda)e^{-b}+(c+1)(1-\lambda e^{-c})}{b+c+2} = 1-\lambda' \\[4mm] \xi' = \dfrac{b+1}{b+c+2}\xi_b + \dfrac{c+1}{b+c+2}\xi_c = \dfrac{(b+1)\xi e^{-b}+(c+1)\left[1-(1-\xi)e^{-c}\right]}{b+c+2} \end{cases}$$

$$(5-1)$$

为了避免正向与负向强化效用均不存在时出现分母为 0 的情况,这里计算权重时借鉴李春龙等（2014）的方法,将正、负强化效用强度系数均加 1 处理。

5.2.3　复杂社会网络信息传播突变机制

根据 5.2.1 节复杂社会网络用户状态分析,用 I、H、S、R 分别表示未知状态、犹豫状态、传播状态、免疫状态。复杂社会网络空间信息传播突变规则可定义如下。

（1）当复杂社会网络空间处在未知状态 I 的用户接收到处在传播状态 S 的用户传递过来的信息后,会以概率 α 相信并传播相关信息,由未知状态 I 转变为传播状态 S;会以概率 β 拒绝传播相关信息,由未知状态 I 转变为免疫状态 R;还会以概率 γ 对相关信息产生怀疑,打算思考一段时间再决定是否传播该信息,由未知状态 I 转变为犹豫状态 H。由于处于未知状态 I 的用户收到相关信息后一定知道该信息,因此满足 α + β + γ = 1。

$$I + S \xrightarrow{\ \alpha\ } S + S \qquad\qquad (5-2)$$

$$I + S \xrightarrow{\ \beta\ } R + S \qquad\qquad (5-3)$$

$$I + S \xrightarrow{\ \gamma\ } H + S \qquad\qquad (5-4)$$

（2）复杂社会网络空间处在犹豫状态 H 的用户经过一段时间思考后,会以概率 λ′ 相信并传播相关信息,由犹豫状态 H 转变为传播状态 S;会以概率 (1-λ)′ 拒绝传播相关信息,由犹豫状态 H 转变为免疫状态 R。

$$H \xrightarrow{\ \lambda'\ } S \qquad\qquad (5-5)$$

$$H \xrightarrow{\ (1-\lambda)'\ } R \qquad\qquad (5-6)$$

（3）复杂社会网络空间处在传播状态 S 的用户在传播相关信息过程中，如果遇到犹豫状态 H、传播状态 S 或免疫状态 R 的用户，会认为该信息已经被大多数人所熟知，因而以概率 η 不再传播相关信息，由传播状态 S 转变为免疫状态 R。

$$S + H \xrightarrow{\eta} R + H \tag{5-7}$$

$$S + S \xrightarrow{\eta} R + S \tag{5-8}$$

$$S + R \xrightarrow{\eta} R + R \tag{5-9}$$

（4）复杂社会网络空间处在传播状态 S 的用户在传播相关信息的过程中，通过思考会以概率 ξ′ 对相关信息的真实性产生怀疑，暂不传播相关信息，由传播状态 S 转变为犹豫状态 H。

$$S \xrightarrow{\xi'} H \tag{5-10}$$

综上所述，复杂社会网络空间信息传播突变规则可用图 5 - 3 表示。

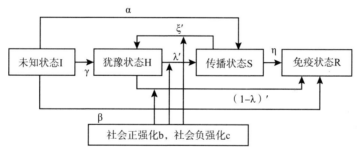

图 5 - 3　IHSR 复杂社会网络空间信息传播突变过程结构

5.3　IHSR 复杂社会网络信息传播突变模型

根据第 2 章复杂社会网络拓扑结构特征分析可知，信息传播网络具有小世界与无标度特性。本节根据小世界网络与无标度网络用户节点度分布的差异性，将信息传播网络分为两类，即同质网络与异质网络。其中，同质网络中节点度波动幅度较小，而异质网络则相反。

5.3.1　同质网络 IHSR 信息传播突变模型构建

由第 2 章分析可知，复杂社会网络平均度 〈k〉 表示所有用户节点度数的平均值。在同质网络中,假设每个用户节点度 k 等于网络平均度 $\langle k \rangle$,即 k = $\langle k \rangle$。分别用 I(t),H(t),S(t) 和 R(t) 表示 t 时刻未知状态 I、犹豫状态 H、传播状态 S 和免疫状态 R 的用户密度,且满足 I(t) + H(t) + S(t) + R(t) = 1。根据上述传播规则,可得如下同质网络 IHSR 复杂社会网络信息传播突变动力学模型:

$$\frac{dI(t)}{dt} = -\langle k \rangle I(t)S(t) \qquad (5-11)$$

$$\frac{dH(t)}{dt} = \gamma \langle k \rangle I(t)S(t) + \xi'S(t) - H(t) \qquad (5-12)$$

$$\frac{dS(t)}{dt} = \alpha \langle k \rangle I(t)S(t) - \xi'S(t) + \lambda'H(t) - \eta \langle k \rangle S(t)[S(t) + H(t) + R(t)]$$

$$(5-13)$$

$$\frac{dR(t)}{dt} = \beta \langle k \rangle I(t)S(t) + (1-\lambda)'H(t) + \eta \langle k \rangle S(t)[S(t) + H(t) + R(t)]$$

$$(5-14)$$

5.3.2 异质网络 IHSR 信息传播突变模型构建

在异质网络中,度相关性可以表示为 $P(k'|k) = k'P(k')/\langle k \rangle$,其中 P(k) 为信息传播网络度分布函数,$\langle k \rangle$ 表示平均度,即所有信息传播网络用户节点度数的平均值。分别用 $I_k(t)$,$H_k(t)$、$S_k(t)$ 和 $R_k(t)$ 表示 t 时刻度为 k 的节点中处在未知状态 I、犹豫状态 H、传播状态 S 和免疫状态 R 的用户密度,且满足 $I_k(t) + H_k(t) + S_k(t) + R_k(t) = 1$。异质网络中,t 时刻未知状态 I 用户的密度 I(t) 可表示为 $I(t) = \sum_k I_k(t)P(k)$,同理可得 H(t)、S(t) 与 R(t) 的表达式。根据图 5-3 所示的复杂社会网络信息传播突变规则,可得如下异质网络 IHSR 信息传播突变动力学模型:

$$\frac{dI_k(t)}{dt} = -kI_k(t)\sum_{k'} S_{k'}(t)P(k'|k) \qquad (5-15)$$

$$\frac{dH_k(t)}{dt} = \gamma kI_k(t)\sum_{k'} S_{k'}(t)P(k'|k) + \xi'S_k(t) - H_k(t) \qquad (5-16)$$

$$\frac{dS_k(t)}{dt} = \alpha kI_k(t)\sum_{k'} S_{k'}(t)P(k'|k) - \xi'S_k(t) + \lambda'H_k(t)$$

$$- \eta kS_k(t)\sum_{k'} [S_{k'}(t) + H_{k'}(t) + R_{k'}(t)]P(k'|k) \qquad (5-17)$$

$$\frac{dR_k(t)}{dt} = \beta k I_k(t) \sum_{k'} S_{k'}(t) P(k' \mid k) + (1 - \lambda)' H_k(t)$$

$$+ \eta k S_k(t) \sum_{k'} [S_{k'}(t) + H_{k'}(t) + R_{k'}(t)] P(k' \mid k) \qquad (5-18)$$

其中，$\sum_{k'} S_{k'}(t) P(k' \mid k)$ 表示 t 时刻度为 k 的用户节点与传播状态 S 用户节点相连的概率，$\sum_{k'} [S_{k'}(t) + H_{k'}(t) + R_{k'}(t)] P(k' \mid k)$ 表示 t 时刻度为 k 的用户节点与传播状态 S、犹豫状态 H 或免疫状态 R 用户节点相连的概率。

5.4 复杂社会网络信息传播突变阈值及最终状态分析

由于复杂社会网络空间信息开始传播时，只有极少数人知道，因此假设初始时刻信息传播网络中只有一个用户处在传播状态 S，其他所有用户均处在未知状态 I，即 $I(0) = (N - 1)/N \approx 1$，$H(0) = 0$，$S(0) = 1/N$，$R(0) = 0$。由式（5-11）与式（5-15）可知未知状态 I 用户密度逐渐减少，而由式（5-14）与式（5-18）可知免疫状态 R 用户密度逐渐增大。此外，由于信息具有时效性且复杂社会网络空间用户个人精力有限，因而当 t→∞ 系统达到稳定状态时，复杂社会网络空间中不存在犹豫状态 H 用户与传播状态 S 用户，只存在处于未知状态 I 与免疫状态 R 的用户。此时，处于免疫状态 R 的用户越多，说明系统中剩余的未知状态 I 用户越少，得知相关信息的人越多，造成的影响范围越广，信息传播突变的问题越严重，因而可用复杂社会网络空间信息最终传播规模 R 来衡量信息传播突变程度。因此，基于 5.3 复杂社会网络信息传播突变模型分别求解 t→∞ 时同质网络与异质网络免疫状态 R 的用户节点密度，进而讨论信息传播突变程度。

5.4.1 同质网络信息传播突变阈值及最终状态分析

在同质网络中，当时间趋于无穷时，系统达到稳定状态，$H(\infty) = 0$，$S(\infty) = 0$，$R(\infty) = R$，$I(\infty) = 1 - R$，且 $\frac{dH(t)}{dt} = 0$。将式（5-14）与式（5-11）相除可得：

$$\frac{dR(t)}{dI(t)} = (\alpha - 1 + \lambda'\gamma + \eta) - \frac{\xi'(1 - \lambda)'}{\langle k \rangle I(t)} - \frac{\eta}{I(t)} \qquad (5-19)$$

求解式（5-19）可得：

$$R = 1 - e^{-\frac{(\alpha + \eta + \lambda'\gamma)\langle k \rangle}{\xi'(1-\lambda') + \eta\langle k \rangle}R}$$

$$(5-20)$$

当 R = 0 时，式（5-20）恒成立，此时复杂社会网络空间中没有相关信息传播。而当 $\frac{(\alpha + \lambda'\gamma)\langle k \rangle}{\xi'(1-\lambda')} > 1$ 时，R 将存在一个非零解，即相关信息会在复杂社会网络空间中传播扩散，此时 $\alpha > \alpha_c$，其中 $\alpha_c = \frac{\xi'(1-\lambda') - \lambda'\gamma\langle k \rangle}{\langle k \rangle}$ 为同质网络中的复杂社会网络信息传播突变阈值。

5.4.2　异质网络信息传播突变阈值及最终状态分析

在异质网络中，用户节点的度相关性记为 $P(k'|k) = k'P(k')/\langle k \rangle = q(k')$，$\langle k \rangle$ 为平均度。这里引入辅助函数 $\psi(t)$、$\phi(t)$，分别表示为：

$$\begin{cases} \psi(t) = \int_0^t \sum_k H_k(t')q(k)dt' = \int_0^t \langle\!\langle H_k(t') \rangle\!\rangle dt' \\ \phi(t) = \int_0^t \sum_k S_k(t')q(k)dt' = \int_0^t \langle\!\langle S_k(t') \rangle\!\rangle dt' \end{cases} \quad (5-21)$$

其中，简化符号 $\langle\!\langle O(k) \rangle\!\rangle = \sum_k q(k)O(k)$，$O(k)$ 表示关于 k 的函数，在式（5-21）中分别指 $H_k(t')$ 与 $S_k(t')$。

不失一般性，令 $I_k(0) = I(0) \approx 1$，对式（5-15）求积分可得：

$$I_k(t) = e^{-k\phi(t)} \quad (5-22)$$

为了得到复杂社会网络空间信息传播最终规模 R，需要求解 ϕ_∞。对式（5-16）、式（5-17）分别乘以 q（k），关于 k 求和后对 t 求积分，可得：

$$\frac{d\psi(t)}{dt} = \gamma[1 - \langle\!\langle e^{-k\phi(t)} \rangle\!\rangle] - \psi(t) + \xi'\phi(t) \quad (5-23)$$

$$\frac{d\phi(t)}{dt} = \alpha[1 - \langle\!\langle e^{-k\phi(t)} \rangle\!\rangle] + \lambda'\psi(t) - \xi'\phi(t)$$

$$- \eta \int_0^t \langle\!\langle kS_k(t') \rangle\!\rangle [1 - \langle\!\langle e^{-k\phi(t')} \rangle\!\rangle]dt' \quad (5-24)$$

当 t→∞ 时，有 dψ/dt = 0，dφ/dt = 0。令 $\phi_\infty = \lim_{t\to\infty}\phi(t)$，由式（5-23）、式（5-24）可得：

$$\gamma[1 - \langle\!\langle e^{-k\phi_\infty} \rangle\!\rangle] - \psi(\infty) + \xi'\phi_\infty = 0 \quad (5-25)$$

$$\alpha[1 - \langle\!\langle e^{-k\phi_\infty} \rangle\!\rangle] + \lambda'\psi(\infty) - \xi'\phi_\infty - \eta \int_0^\infty \langle\!\langle kS_k(t') \rangle\!\rangle [1 - \langle\!\langle e^{-k\phi(t')} \rangle\!\rangle]dt' = 0$$

$$(5-26)$$

对式 (5-25)、式 (5-26) 求和，可得：

$$(\alpha + \lambda'\gamma)[1 - \langle\!\langle e^{-k\phi_\infty} \rangle\!\rangle] + (\lambda' - 1)\xi'\phi_\infty - \eta\int_0^\infty \langle\!\langle kS_k(t') \rangle\!\rangle$$
$$[1 - \langle\!\langle e^{-k\phi(t')} \rangle\!\rangle]dt' = 0 \qquad (5-27)$$

分别对式 (5-16)、式 (5-17) 求积分，可得：

$$H_k(t) = \gamma[1 - e^{-k\phi(t)}] - \int_0^t H_k(t')dt' + \xi'\int_0^t S_k(t')dt' \qquad (5-28)$$

$$S_k(t) = \alpha[1 - e^{-k\phi(t)}] + \lambda'\int_0^t H_k(t')dt' - \xi'\int_0^t S_k(t')dt'$$
$$- \eta k\int_0^t S_k(t')\langle\!\langle 1 - e^{-k\phi(t')} \rangle\!\rangle dt' \qquad (5-29)$$

合并式 (5-28)、式 (5-29) 并整合 η 到零阶，可得：

$$S_k(t) = (\alpha + \gamma)[1 - e^{-k\phi(t)}] + (\lambda' - 1)\int_0^t H_k(t')dt' - H_k(t) + O(\eta)$$
$$(5-30)$$

通过求解式 (5-28) 可得：

$$H_k(t) = \gamma[1 - e^{-k\phi(t)}] + \xi'\int_0^t S_k(t')dt' - \int_0^t e^{t'-t}[\gamma(1 - e^{-k\phi(t')})$$
$$+ \xi'\int_0^{t'} S_k(u)du]dt' \qquad (5-31)$$

将式 (5-31) 代入式 (5-30) 可得：

$$S_k(t) = (\alpha + \lambda'\gamma)e^{r_2 t}\int_0^t [e^{(r_1-r_2)t'}\int_0^{t'} e^{-r_1 t''}(1 - e^{-k\phi(t'')})'dt'']dt'$$
$$+ O(\alpha) + O(\eta) \qquad (5-32)$$

其中 $r_1 = \dfrac{-(\xi'+1) + \sqrt{(\xi'-1)^2 + 4\lambda'\xi'}}{2}$，$r_2 = \dfrac{-(\xi'+1) - \sqrt{(\xi'-1)^2 + 4\lambda'\xi'}}{2}$。

当传播概率接近传播阈值时，$\phi(t)$ 与 ϕ_∞ 均很小。记 $\phi(t) = \phi_\infty f(t)$，其中 $f(t)$ 为有限函数，则式 (5-32) 可表示为：

$$S_k(t) = (\alpha + \lambda'\gamma)e^{r_2 t}k\phi_\infty\int_0^t [e^{(r_1-r_2)t'}\int_0^{t'} e^{-r_1 t''}f'(t'')dt'']dt'$$
$$+ O(\alpha) + O(\eta) + O(\phi_\infty^2) \qquad (5-33)$$

将式 (5-33) 代入式 (5-27) 可得：

$$0 = \phi_\infty\left[(\alpha + \lambda'\gamma)\langle\!\langle k \rangle\!\rangle - (1 - \lambda')\xi' - (\alpha + \lambda'\gamma)\phi_\infty\langle\!\langle k^2 \rangle\!\rangle\left(\frac{1}{2} + \eta\langle\!\langle k \rangle\!\rangle C\right)\right]$$
$$+ O(\alpha) + O(\eta^2) + O(\phi_\infty^3) \qquad (5-34)$$

其中，$C = \int_0^\infty f(t')e^{r_2 t'}\int_0^{t'}[e^{(r_1-r_2)t''}\int_0^{t''} e^{-r_1 u}f'(u)du dt'']dt'$ 是一个有限正积分。由

此可得非平凡解：

$$\phi_\infty = \frac{(\alpha + \lambda'\gamma)\langle\!\langle k\rangle\!\rangle - (1-\lambda')\xi'}{(\alpha + \lambda'\gamma)\langle\!\langle k^2\rangle\!\rangle\left(\frac{1}{2} + \eta\langle\!\langle k\rangle\!\rangle C\right)} \tag{5-35}$$

由于 $\langle\!\langle k\rangle\!\rangle = \langle k^2\rangle/\langle k\rangle$，$\langle\!\langle k^2\rangle\!\rangle = \langle k^3\rangle/\langle k\rangle$，可得 ϕ_∞ 最终表达式为：

$$\phi_\infty = \frac{(\alpha + \lambda'\gamma)\langle k^2\rangle/\langle k\rangle - (1-\lambda')\xi'}{(\alpha + \lambda'\gamma)\langle k^3\rangle/\langle k\rangle\left(\frac{1}{2} + \eta\langle k^2\rangle/\langle k\rangle C\right)} \tag{5-36}$$

当满足：

$$\alpha \geqslant \frac{\langle k\rangle(1-\lambda')\xi'}{\langle k^2\rangle} - \lambda'\gamma \tag{5-37}$$

时，ϕ_∞ 为正数。这里，$\alpha_c = \dfrac{\langle k\rangle(1-\lambda')\xi'}{\langle k^2\rangle} - \lambda'\gamma$ 为异质网络中的信息生态系统信息传播突变阈值。

由于 $R_k(\infty) = 1 - I_k(\infty)$，可得系统达到稳定时，复杂社会网络空间信息传播的最大规模 R 为：

$$R = \sum_k P(k)(1 - e^{-k\phi_\infty}) \tag{5-38}$$

式（5-38）表明，相关信息在异质网络中传播的最大规模，即复杂社会网络信息传播突变程度依赖于度分布 P（k）。

5.5　仿真及结果分析

采用数值仿真方法验证上述理论分析结果的正确性，并揭示复杂社会网络信息传播突变规律。由于信息传播网络具有高聚类、小世界等特性，很多研究选择沃茨－斯特朗加茨（Watts-Strogatz，WS）小世界网络作为信息传播网络的典型代表开展研究。这是因为一方面，在 WS 小世界网络中，一个用户节点的两个相邻节点往往彼此也互为邻居节点；另一方面，WS 小世界网络中两个节点之间的最短距离很短。此外，信息传播网络用户节点度数一般服从幂律分布，巴拉巴西－艾伯特（Barabási-Albert，BA）无标度网络被普遍认为是构造具有此特性网络的典型代表。因此，本节运用 Matlab 平台分别生成 WS 小世界网络和 BA 无标度网络，模拟复杂社会网络信息传播突变过程，进而分析 IHSR 模型动力学特性。

在 WS 小世界网络中，度分布函数 P(k) 曲线顶点出现在平均值 $\langle k\rangle$ 处，而当 k≪⟨k⟩ 或 k≫⟨k⟩ 时呈指数下降趋势，节点度均匀分布。在 BA 无标度网络中，优先连接规则下新加入的节点与已存在节点相连时，往往选择度数较大的节点，节点度数具有较大异质性。因此，本节用 WS 小世界网络代表同质网络，用 BA 无标度网络代表异质网络。设置 WS 小世界网络的用户总数 N = 1 000，随机重连概率 p = 0.3，平均度 ⟨k⟩ = 6。设置 BA 无标度网络的用户总数也为 N = 1 000，平均度 ⟨k⟩ = 6，⟨k²⟩ = 84.56。为保证结果的可靠性，所有仿真均运行 50 次，且每次从网络中随机选择一个节点作为初始传播用户，通过取平均值得出仿真结果。

5.5.1　复杂社会网络信息传播突变演化过程

为了分析复杂社会网络空间信息传播突变演化过程，分别在 WS 小世界网络与 BA 无标度网络中进行模拟。设置参数 $\alpha = 0.4$，$\gamma = 0.3$，$\beta = 0.3$，$\lambda = 0.5$，$\xi = 0.5$，$\eta = 0.5$，$b = 1$，$c = 1$。从图 5 - 4 中可以看出，犹豫状态 H 用户与传播状态 S 用户的密度均呈先上升至顶峰后再下降的趋势。当系统达到稳定时，复杂社会网络中只存在未知状态 I 与免疫状态 R 两类用户。这一结果与复杂社会网络信息传播突变动力学方程组式（5 - 11）至式（5 - 14）、式（5 - 15）至式（5 - 18）的结果一致。此外，从图 5 - 4 中还可以发现，WS

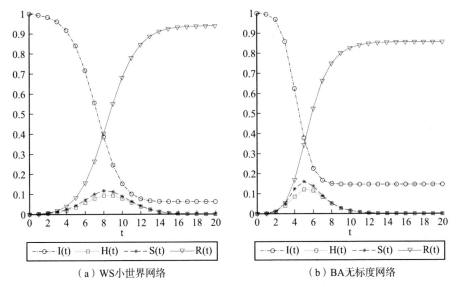

（a）WS小世界网络　　　　　　　（b）BA无标度网络

图 5 - 4　复杂社会网络信息传播演化过程

小世界网络信息传播的最终规模大于 BA 无标度网络信息传播的最终规模，但在 WS 小世界网络中，信息从开始传播到犹豫状态 H、传播状态 S 用户密度达到最大，再到信息传播结束所需时间均几乎为 BA 无标度网络的 2 倍。这说明同 BA 无标度网络相比，相关信息在 WS 小世界网络中传播的范围更广，但传播速度较慢。这与复杂社会网络信息传播相关研究结论一致，即 BA 无标度网络中度数较大且处在传播状态 S 的用户节点可以迅速将信息传播给复杂社会网络中的大部分用户，但一旦该用户节点转变为免疫状态 R，网络空间信息也会迅速停止传播。

5.5.2　非对称强化下传播概率对信息传播突变最终状态的影响

用户由未知状态 I 转向传播状态 S 的传播概率 α 是刻画复杂社会网络信息传播吸引力的重要参数。图 5-5 分析了异质信息非对称强化影响下，复杂社会网络信息传播最终规模 R 随传播概率 α 的变化情况。这里设置参数 $\gamma = 0.1$，$\lambda = 0.5$，$\xi = 0.5$，$\eta = 0.5$。从图 5-5 可以看出，随着传播概率 α 的增大，复杂社会网络信息传播最终规模 R 不断增大。在传播概率 α 相同的情况下，当异质信息非对称强化系数组合为 $b = 2$，$c = 0$，$b = 10$，$c = 0$ 时，复杂社会网络信息传播最终规模 R 不断增大。当异质信息非对称强化系数组合为 $b = 0$，$c = 2$，$b = 0$，$c = 10$ 时，复杂社会网络信息传播最终规模 R 不断减小，且存在突变阈值。如图 5-5（a）箭头所示，WS 小世界网络中信息传播突变阈值分别为 $\alpha_c = 0.10$，0.15，与式（5-20）理论分析结果 $\alpha_c = 0.096$，0.149 基本一致。如图 5-5（b）箭头所示，BA 无标度网络信息传播突变阈值分别为 $\alpha_c = 0.03$，0.06，与式（5-37）理论分析结果 $\alpha_c = 0.0306$，0.0610 基本一致。

图 5-5 的结果意味着复杂社会网络空间信息对用户的吸引力越大，最终得知相关信息的用户人数就越多。正向强化效用能够激起用户的兴趣，增强传播概率对复杂社会网络信息传播最终规模的影响，使相关信息被越来越多的人所熟知。负向强化效用会导致相关信息的可信性降低，并在一定程度上抑制复杂社会网络信息传播扩散，削弱传播概率对复杂社会网络空间信息传播最终扩散规模的影响，使最终得知相关信息的人越来越少。综合图 5-5（a）与图 5-5（b），还可以发现信息传播网络传播突变阈值很小，特别是 BA 无标度网络，由于信息传播网络中度数较大用户节点的存在，这些用户一旦传播相关信息，复杂社会网络空间得知该类信息的人数将迅速增加。因此，当政府等有关部门欲宣传推广某项活动、实施某项政策或普及某些知识时，可采用多种

新颖宣传策略以吸引大众的关注，同时应注重在现实社会营造氛围进而推动相关信息传播。相反，当政府等相关部门预控制某些信息传播，特别是抑制谣言等严重危害社会稳定的虚假信息传播扩散时，官方机构与权威媒体应及时公布准确信息，一方面应注重权威信息的表述方式，使权威信息的吸引力大于谣言等负面虚假信息对公众的吸引力，同时应在社会中营造积极向上的氛围，缩小相关信息在复杂社会网络空间的影响范围。

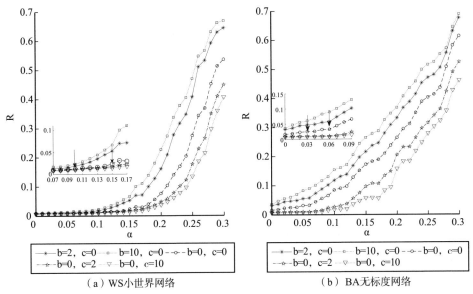

（a）WS小世界网络　　　　　　　（b）BA无标度网络

图 5-5　不同强化效用下复杂社会网络信息传播
突变最终规模 R 随传播概率 α 的变化

5.5.3　异质信息非对称强化效用对传播状态用户密度的影响

复杂社会网络中处在传播状态 S 的用户密度峰值代表了信息产生的最大影响。图 5-6 分析了异质信息非对称强化效用影响下，WS 小世界网络与 BA 无标度网络中传播状态 S 的用户密度随时间 t 的变化情况。这里设置参数 $\alpha = 0.4$，$\gamma = 0.3$，$\beta = 0.3$，$\lambda = 0.5$，$\xi = 0.5$，$\eta = 0.5$。从图 5-6 可以看出，随着正向强化效用的增大，传播状态 S 用户密度的峰值逐渐增大，而随着负向强化效用的增大，传播状态 S 用户密度的峰值逐渐减小。同时，正向强化效用的增大使信息传播达到稳定状态的时间逐渐缩短，负向强化效用的增大使信息传播达到稳定状态的时间逐渐延长。

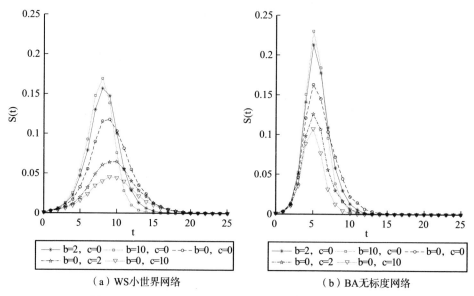

（a）WS小世界网络　　　　　　　　（b）BA无标度网络

图5-6　不同强化效用下S状态用户密度随时间t的变化

　　图5-6的结果表明，正向强化效用可以使复杂社会网络空间信息传播产生的最大影响增强，而负向强化效用可以使复杂社会网络空间信息传播产生的最大影响削弱。这意味着当政府或有关部门预发布某条信息或传播某项政策时，若能辅之以形式多样的宣传推广活动，增强全社会的响应力度，并及时遏制不利言论，则会达到良好的宣传效果。相反，当所传播信息为谣言等未经证实的负面信息时，政府应通过处罚造谣者、公开准确信息等措施消除社会公众对负面信息的支持力度，并增强社会公众对权威真实信息的支持力度。特别地，从图5-6还可看出，负向强化效用的增大可以保证有关部门有更多的时间采取措施控制负面信息传播。此外，对比图5-6（a）与图5-6（b）可以发现，WS小世界网络中信息传播产生的最大影响低于BA无标度网络，但传播持续时间长于BA无标度网络。这是由于BA无标度网络中度大的用户节点往往充当意见领袖的角色，具有较大的影响力，当该用户处在传播状态S时，不但会将相关信息传播给网络中的大部分用户，还会带动更多用户在复杂社会网络中传播相关信息，进而引起复杂社会网络空间信息的二级传播，而当该用户停止传播时，其他用户也会立即停止传播。因此，无论是正面信息还是负面信息，政府等有关部门均应尽快找到高影响力用户，使之传播并带动更多用户积极传播正面信息，同时做好复杂社会网络空间信息传播监测预警工作，尽早制止妨碍政策推广实施的行为，及时采取措施降低谣言等严重危害社会稳定的

负面信息带来的恶劣影响，防止负面信息进一步扩散。

5.5.4　异质信息非对称强化效用对免疫状态用户密度的影响

分析异质信息非对称强化效用影响下，WS 小世界网络与 BA 无标度网络中免疫状态 R 的用户密度随时间 t 的变化情况，结果如图 5-7 所示。设置参数 α=0.4，γ=0.3，β=0.3，λ=0.5，ξ=0.5，η=0.5。从图 5-7 中可以看出，正向强化不仅能提高复杂社会网络信息传播速度，还能扩大复杂社会网络信息传播的最终规模，相反，负向强化不仅能够降低复杂社会网络信息传播速度，还能缩小复杂社会网络信息传播的最终规模。此外，对比图 5-7（a）与图 5-7（b）可以发现，虽然初始时刻 BA 无标度网络中免疫状态 R 的用户密度略高于 WS 小世界网络，但当系统达到稳定状态后，BA 无标度网络 R 状态的最终用户密度低于 WS 小世界网络，且 BA 无标度网络的相关信息传播速度明显快于 WS 小世界网络。出现这一现象的原因是 BA 无标度网络中，度大的用户节点将信息传播给相连用户后，得知相关信息的人数会呈爆炸式增长，使处在传播状态 S 的其他用户认为相关信息已被大多数人所熟知，因而会立即停止传播，导致部分用户始终没有收到相关信息。

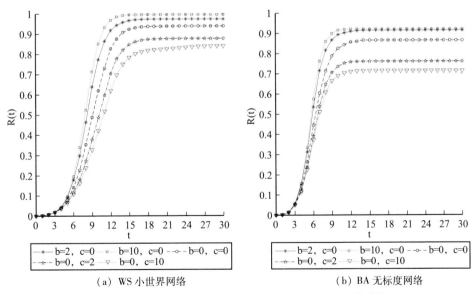

（a）WS 小世界网络　　　　　　　　　　（b）BA 无标度网络

图 5-7　不同强化效用下 R 状态用户密度随时间 t 的变化

图5-7的结果启示我们，政府有关机构部门等正面权威信息发布者平时应注重提升自身形象，赢得广大公众的支持，且所传播信息应顺应民意，得到公众积极响应，进而既为传播正面信息营造良好的社会环境，使信息能够在较短时间扩散到较大范围，同时也为有效控制负面信息传播提供条件。

5.5.5　异质信息非对称强化效用对信息传播突变最终状态的影响

图5-8给出了正负异质信息非对称强化效用同时存在时，复杂社会网络信息传播最终规模 R 的变化情况。其中，图5-8（a）、图5-8（c）与图5-8（e）三幅图描述了 WS 小世界网络中 R 的变化，图5-8（b）、图5-8（d）与图5-8（f）三幅图描述了 BA 无标度网络中 R 的变化情况。6 幅图统一设置参数 $\alpha = 0.2$，$\gamma = 0.3$，$\beta = 0.5$，$\eta = 0.5$。图5-8（a）与图5-8（b）设置参数 $\lambda = 0.5$ 与 $\xi = 0.5$，表明犹豫状态 H 与传播状态 S 的用户对复杂社会网络空间所传播的信息真假无法判断，是否传播或继续传播犹豫概率等同；图5-8（c）与图5-8（d）设置参数 $\lambda = 0.4$ 与 $\xi = 0.6$，表明犹豫状态 H 与传播状态 S 的用户更倾向质疑复杂社会网络空间所传播的信息，不传播或暂停传播相关信息的概率较大；图5-8（e）与图5-8（f）设置参数 $\lambda = 0.6$ 与 $\xi = 0.4$，表明犹豫状态 H 与传播状态 S 的用户更倾向相信复杂社会网络空间所传播的信息，传播或继续传播相关信息的概率较大。

从图5-8（a）与图5-8（b）中可以看出，当正向强化效用大于负向强化效用时，复杂社会网络空间信息传播最终规模 R 增大，反之则减小，说明当用户对复杂社会网络空间所传播的信息真实性无法判断时，受从众心理影响，部分用户会跟随大多数人的做法决定是否传播相关信息。从图5-8（c）与图5-8（d）可以看出，当用户本身倾向质疑复杂社会网络空间所传播的信息时，随着正向强化效用的增大，得知相关信息的人数会越来越多，特别是当复杂社会网络空间所传播的信息内容涉及健康、安全等问题时，即便人们在现有知识背景下认为该信息不可靠，正向强化效用略低于负向强化效用，仍然会有更多用户受"宁可信其有，不可信其无"心理的影响，相信并传播相关信息。此外，对于负面信息而言，由于大部分遏制该类信息传播的信息由官方发出，在一定程度上也反映了当今公权力部门的信用危机。从图5-8（e）与图5-8（f）可以看出，当用户本身倾向相信复杂社会网络空间所传播的信息时，随着负向强化效用的增大，拒绝传播相关信息的用户逐渐增多，最终得知相关信息的人数会越来越少，特别是当复杂社会网络空间所传播的信息为谣言等负面信息时，若官方对造谣者惩处力度较大，即便正向强化效用略高，很多用户也会进行理性思考。

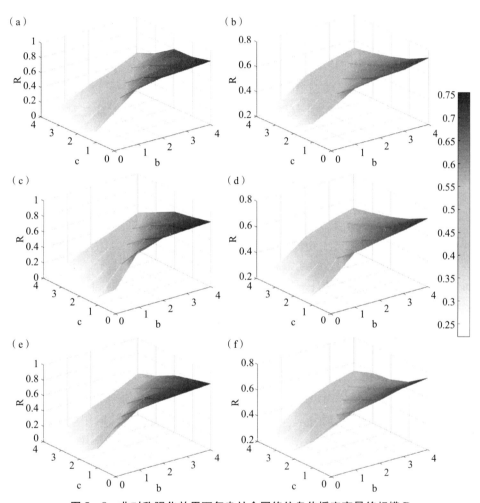

图 5 - 8　非对称强化效用下复杂社会网络信息传播突变最终规模 **R**

　　（a）WS 小世界网络 λ = 0.5，ξ = 0.5；（b）BA 无标度网络 λ = 0.5，ξ = 0.5；（c）WS 小世界网络 λ = 0.4，ξ = 0.6；（d）BA 无标度网络 λ = 0.4，ξ = 0.6；（e）WS 小世界网络 λ = 0.6，ξ = 0.4；（f）BA 无标度网络 λ = 0.6，ξ = 0.4

　　综合图 5 - 8（c）至图 5 - 8（f）可以发现，当与用户最初所持观点对立的强化效用增强时，用户会倾向于接受相反的观点。这是由于复杂社会网络空间所传播的部分信息语言表述模糊且权威信息滞后，虽然少数信息从表面看上去与官方信息类似，但由于复杂社会网络空间信息量庞大，鱼龙混杂，充斥着大量虚假信息，甚至有不少不法分子模仿官方网站、公众号等发布信息迷惑用户，使用户最初只能根据现有知识做出判断，一旦对立观点的强化效用增强，用户就会对自己的想法产生怀疑，即便对立观点的强化效用较低，用户也会转变自己的观点，这也体现了当今个性化时代用户的求异心理。此外，对比图 5－8（a）、图 5－8（c）、图 5－8（e）与图 5－8（b）、图 5－8（d）、图 5－8（f）两组图还可发现，复杂社会网络空间所传播的信息一旦产生，极易迅速传播。同时由于转换概率 λ 能够反映网络空间所传播信息自身的吸引力，两组图还说明这种吸引力与信息最终传播规模相关。因此，对于正面信息，政府等有关部门应尽可能采取多种方式提升其吸引力，而对于谣言等负面信息，有关部门必须做好舆情监测，第一时间公布权威信息安抚民心，同时加大造谣传谣惩处力度，最大程度控制谣言等负面信息传播带来的恶劣影响。

5.5.6　异质信息非对称强化下信息传播突变机制与启示

上述仿真结果表明，异质信息非对称强化效用对用户传播行为具有显著影响。正向强化可促使复杂社会网络空间所传播的信息以较短时间迅速扩散到更广泛的范围，而负向强化可有效降低信息的传播规模，削弱复杂社会网络空间信息传播突变产生的最大影响，同时还可减缓相关信息的传播速度。由此可得出如下规律与启示。

（1）正向强化效用促进复杂社会网络信息快速大范围传播并使相关信息产生的最大影响增强，而负向强化效用作用相反。这一传播规律启示政府、企业等面对网络舆情危机时，应充分发挥权威主流媒体、非政府组织的引导作用，通过发表评论员文章、邀请权威专家解读宣传正面信息，制作发布传播正能量的微直播、微话题等优质信息化产品，有效引导复杂社会网络空间信息传播走向，增强负向强化效用强度，遏制谣言等虚假有害信息的传播，同时政府等有关部门也应不断健全网络信息发布的约束机制，充分借助法律手段加大对谣言等负面信息传播者的惩处力度，削弱负面信息的正向强化强度。此外，政府、企业等还应注重维护自身良好形象，特别是宣传正面权威信息时，可通过制作开发反映时代精神、传播社会文化的艺术作品，增强正向强化效用强度，促进传播扩散。

（2）异质信息非对称强化效用影响下，一旦代表对立观点的强化效用增大，用户就会产生接受异己观点的行为倾向。特别是突发事件发生后，复杂社会网络空间相关信息会引起信息生态系统用户的广泛关注和传播，并展开激烈讨论，进而形成异质信息非对称强化效用。在这期间，相关部门应积极与网民互动，第一时间解答网民疑问。

（3）信息生态系统意见领袖对广大公众思想观念等具有重要影响，在复杂社会网络信息传播突变过程中起着"风向标"作用。为此，政府、企业等应注重培养专业"把关人"，加强培养信息生态系统高影响力用户的社会责任感和专业素养，使这些用户充分发挥意见领袖"风向标"的作用，加大正面信息正向强化效用，传递社会正能量。此外，还应加大非政府组织扶持力度，特别是鼓励由专业知识扎实、实践经验丰富的专家组成的非政府组织积极参与复杂社会网络空间信息传播引导，号召广大用户积极传播主流舆论，进而营造良好的舆论生态环境。

5.6　本 章 小 结

结合复杂社会网络空间所传播信息可靠度不确定性、用户掌握信息不对称性及受教育程度差异性等因素，考虑异质信息非对称强化效用共存的现实场景，构建了复杂社会网络信息传播突变 IHSR 动力学模型。研究结果表明，加大正向强化强度有助于使复杂社会网络空间所传播的信息扩散更快更广，而加大负向强化强度可有效降低信息最终传播扩散的规模，削弱复杂社会网络空间信息传播突变产生的最大影响，同时还可减缓网络空间的信息传播速度，有效防控复杂社会网络信息传播突变。研究结果告诫政府有关部门，只有下大力度加大负向强化效用，才能有效控制复杂社会网络空间谣言等负面信息传播，维护国家安全与社会稳定。此外，异质信息非对称强化对复杂社会网络信息传播共同起作用，且依信息吸引力的不同而有所差异。特别地，受用户从众心理、宁信心理、求异心理等复杂因素的影响，一旦代表对立观点的强化效用增大，用户就会产生接受异己观点的行为倾向。

第 6 章　超级传播机制下复杂社会网络信息传播突变同步调控模型

复杂社会网络信息传播突变研究的最终落脚点与归宿是实现网络空间信息的有效干预与引导。本章将立足复杂社会网络空间正面信息对负面信息的调控引导问题，分析复杂社会网络空间信息传播突变过程中存在的超级传播现象，考虑政府等有关部门同步调控的情形，构建复杂社会网络信息传播突变同步调控引导模型，以描述正面权威信息对负面信息的动态干预过程，并进一步计算基本再生数，分析稳定状态下两种信息的最终扩散规模，进而采用数值仿真方法研究超级传播机制影响下复杂社会网络信息传播突变同步调控规律。

6.1　超级传播现象分析

用户是复杂社会网络空间信息传播的主体，用户行为差异对复杂社会网络信息传播突变调控具有重要影响。然而现有研究在分析信息传播突变调控的过程时，往往粗略地假设某一时刻传播某类信息的用户具有同一性，而忽略了不同用户传播行为的差异性，故不能精准刻画复杂社会网络空间正面信息对负面信息的调控干预过程。

事实上，由于复杂社会网络空间中不同用户具有不同的兴趣爱好和性格特征，且因所处环境等不同，对同一信息的关注度也存在差异，故收到同一信息时会呈现不同传播行为。当某信息内容与用户相关度不大时，该用户会与普通用户一样传播相关信息，而当信息内容与用户生活、工作等密切相关时，部分用户会持续传播该信息，进而呈现出超级传播现象。此外，出于某种特殊目的，也有部分用户会在复杂社会网络持续传播某一信息，如政府等有关部门为抑制负面信息大规模扩散，会持续发布正面信息以减少负面信息带来的恶劣影响。S. 加拉姆和 F. 雅各布斯（Galam S and Jacobs F，2007）研究了坚持自己意见始终不变的不灵活代理人对意见动态的影响。然而与网络空间普通信息传播不同，谣言等负面信息是一种不合情理的信息，通常是某些不法分子基于主观意愿捏造出来的。因此，当起初被谣言等负面信息迷惑而进行传播的复杂社会网络用户收到权威信息等正面信息时，他们可能会及时更正自己的观点与行为（Huang H et al.，2016），转而传播权威信息等正面信息。

　　根据上述分析，本章定义在复杂社会网络空间持续散布谣言等负面信息的用户为负面信息超级传播者，定义持续传播权威信息等正面信息的用户为正面信息超级传播者，并将用户分为 7 类，即未知者（I）、负面信息传播者（S_1）、正面信息传播者（S_2）、负面信息超级传播者（C_1）、正面信息超级传播者（C_2）、负面信息免疫者（R_1）及正面信息免疫者（R_2）。基于此分析超级传播机制对复杂社会网络信息传播突变调控过程的影响，提出 $IS_1S_2C_1C_2R_1R_2$ 同步调控模型，进而探索正面信息对负面信息的内在干预机理。

6.2　超级传播机制下信息传播突变同步调控过程

　　当复杂社会网络空间存在负面信息时，政府等有关部门往往会通过发布权威信息等正面信息抑制负面信息大规模扩散。本节主要分析复杂社会网络负面信息与正面信息共存时正面信息对负面信息的同步调控过程，为同步调控模型的构建奠定基础。

6.2.1　用户状态分析

　　复杂社会网络中，一个用户发布一条信息时，该用户的所有好友都将看到该信息。由于复杂社会网络信息量庞大，而人们在一定时间内能够接受并关注的信息量有限，因此当复杂社会网络用户认为此信息属于负面信息或对此毫无兴趣时，往往会忽略该信息。由于这类用户不认可或不接受该信息且不传播任何信息，故将这类用户归为正面信息免疫者。然而，若负面信息因其迷惑性等特性没有被复杂社会网络用户识别出来，或复杂社会网络用户认为此信息属于正面信息时，用户往往会认为该信息很有趣或很重要，进而将信息传播给越来越多的复杂社会网络用户。当相同信息的传播者相互接触后，前一个传播者可能会认为该信息已经被很多人所熟知，因而停止传播。此外，当负面信息或正面信息遇到对此类信息不感兴趣的用户时，这些用户也会停止传播。由于复杂社会网络空间讨论的话题内容往往关乎用户生命、财产等安全，具有极大冲击力，因而极易出现超级传播现象，即一部分用户在收到相关信息后，会从未知者直接变为超级传播者，包括负面信息超级传播者和正面信息超级传播者，并持续传播相应信息。当负面信息传播者和超级传播者收到政府、权威媒体等发布的正面信息时，他们会意识到传播负面信息给社会带来的不良后果，进而停止传播甚至转为传播正面信息，呼吁更多用户传播正面信息。此外，负面信息传播者、正面信息传播者、负面信息超级传播者及正面信息超级传播者均会受遗忘机制影响而停止传播行为。

根据上述现象分析，将复杂社会网络用户状态分为 7 类，即：未知者（I）、负面信息传播者（S_1）、正面信息传播者（S_2）、负面信息超级传播者（C_1）、正面信息超级传播者（C_2）、负面信息免疫者（R_1）及正面信息免疫者（R_2）。其中，未知者表示既不知道负面信息也不知道正面信息的用户；负面信息传播者表示正在传播负面信息的用户；正面信息传播者表示正在传播正面信息的用户；负面信息超级传播者表示无论遇到何状态用户，都会持续传播负面信息的用户；正面信息超级传播者表示无论遇到何状态用户，都会持续传播正面信息的用户；负面信息免疫者表示知道该负面信息，但是没有兴趣传播负面信息的用户；正面信息免疫者表示知道该正面信息，但是没有兴趣传播正面信息的用户。为了方便起见，分别用 I、S_1、S_2、C_1、C_2、R_1 和 R_2 表示上述 7 种复杂社会网络用户状态。

6.2.2　负面信息传播突变调控过程描述

假设复杂社会网络是由 N 个用户构成的混合封闭网络，其中网络中节点表示用户，连边表示用户之间的关系。借助图论思想，可得到无向网络图 G =（V，E），其中 V 表示用户节点集合，E 表示用户之间关系集合。则突变调控过程可以描述如下。

（1）当未知者（I）与负面信息传播者（S_1）或负面信息超级传播者（C_1）接触后，未知者（I）会以概率 α_1 变为负面信息传播者（S_1），或以概率 λ_1 变为负面信息超级传播者（C_1），也可能因不认可该负面信息而以概率（$1 - \alpha_1 - \lambda_1$）变为正面信息免疫者（R_2）。类似地，当未知者（I）与正面信息传播者（S_2）或正面信息超级传播者（C_2）接触后，未知者（I）会以概率 α_2 变为正面信息传播者（S_2），或以概率 λ_2 变为正面信息超级传播者（C_2），也可能因对该正面信息不感兴趣而以概率（$1 - \alpha_2 - \lambda_2$）变为正面信息免疫者（R_2）。由于信息传播概率 α_1、α_2 反映了事件对复杂社会网络用户的吸引力，而负面信息与正面信息所涉及的事件相同，故简单起见，假设 $\alpha_1 = \alpha_2 = \alpha$。由于未知者变为超级传播者的概率 λ_1、λ_2 反映了不同信息对用户的冲击力，故这里认为 $\lambda_1 \neq \lambda_2$。则未知者与不同传播者接触后转变为正面信息免疫者的概率可分别表示为：$(1 - \alpha - \lambda_1)$、$(1 - \alpha - \lambda_2)$。

（2）当负面信息传播者（S_1）与其他负面信息传播者（S_1）或负面信息超级传播者（C_1）、负面或正面信息免疫者（R_1、R_2）接触后，第一个负面信息传播者（S_1）会以概率 γ_1 变为负面信息免疫者（R_1）。同理，当正面信息传播者（S_2）与其他正面信息传播者（S_2）或正面信息超级传播者（C_2）、负面信息或正面信息免疫者（R_1、R_2）接触后，第一个正面信息传播者（S_2）会以概率 γ_2 变为正面信息免疫者（R_2）。由于状态转移概率 γ_1、γ_2 均反映了信息传播者遇到相同信息传播者或对此不感兴趣用户后失去继续传播信息热情的程度，故为了简单，假设 $\gamma_1 = \gamma_2 = \gamma$。

（3）当负面信息传播者（S_1）或负面信息超级传播者（C_1）与正面信息传播者（S_2）或正面信息超级传播者（C_2）接触后，传播负面信息的用户会以概率 μ 停止传播负面信息，变为正面信息免疫者（R_2），或以概率 ε 停止传播负面信息并转向传播正面信息，成为对应的正面信息传播者（S_2）或正面信息超级传播者（C_2）。

（4）因个人接收信息量有限，负面信息传播者（S_1）、负面信息超级传播者（C_1）、正面信息传播者（S_2）、正面信息超级传播者（C_2）也会不自觉遗忘相应信息，进而以概率 δ 转变为对应的负面信息免疫者（R_1）或正面信息免疫者（R_2）。

根据上述分析，超级传播机制影响下复杂社会网络信息传播突变调控过程如图 6-1 所示。

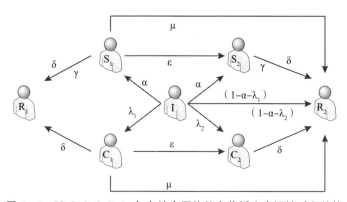

图 6-1　$IS_1S_2C_1C_2R_1R_2$ 复杂社会网络信息传播突变调控过程结构

6.3　超级传播机制下复杂社会网络负面信息突变调控模型

6.3.1　负面信息调控过程用户状态转移概率分析

根据 6.2 节将复杂社会网络用户状态分为未知者（I）、负面信息传播者（S_1）、正面信息传播者（S_2）、负面信息超级传播者（C_1）、正面信息超级传播者（C_2）、负面信息免疫者（R_1）及正面信息免疫者（R_2）7 类，并基于复杂社会网络信息传播突变调控引导过程分析，构建突变调控 $IS_1S_2C_1C_2R_1R_2$ 模型，从微观层面揭示超级传播机制影响下复杂社会网络信息传播突变同步调控过程的内在规律。

假设用户节点 j 在 t 时刻处在未知者 I 状态，其在复杂社会网络中的好友关系如图 6 - 2 所示。令概率 $p_{is_1}^j$、$p_{ic_1}^j$、$p_{is_2}^j$、$p_{ic_2}^j$、$p_{ir_2}^j$ 分别表示用户节点 j 在时段 $[t, t+\Delta t]$ 内由未知者 I 状态转变为负面信息传播者 S_1、负面信息超级传播者 C_1、正面信息传播者 S_2、正面信息超级传播者 C_2、正面信息免疫者 R_2 状态的概率。根据图 6 - 1 可知，当与用户节点 j 相邻的众多用户节点中只有一个用户节点处在负面信息传播者 S_1、负面信息超级传播者 C_1、正面信息传播者 S_2 或正面信息超级传播者 C_2 时，用户节点 j 会分别以概率 α、λ_1、α、λ_2 转变为负面信息传播者 S_1、负面信息超级传播者 C_1、正面信息传播者 S_2 或正面信息超级传播者 C_2 状态。此外，当与用户节点 j 相邻的众多用户节点中只有一个用户节点处在负面信息传播者 S_1、负面信息超级传播者 C_1 时，用户节点 j 会以概率 $(1 - \alpha - \lambda_1)$ 转变为正面信息免疫者 R_2 状态，而当与用户节点 j 相邻的众多用户节点中只有一个用户节点处在正面信息传播者 S_2、正面信息超级传播者 C_2 时，用户节点 j 会以概率 $(1 - \alpha - \lambda_2)$ 转变为正面信息免疫者 R_2 状态。从图 6 - 2 可以看出，共有 g 个处在负面信息传播者 S_1、负面信息超级传播者 C_1 状态的用户节点与用户节点 j 相连，共有 f 个处在正面信息传播者 S_2、正面信息超级传播者 C_2 状态的用户节点与用户节点 j 相连。这些邻居用户节点在时段 $[t, t+\Delta t]$ 内均会影响用户节点 j 并使之发生相应的状态转移。则概率 $p_{is_1}^j$、$p_{ic_1}^j$、$p_{is_2}^j$、$p_{ic_2}^j$、$p_{ir_2}^j$ 可分别表示为：

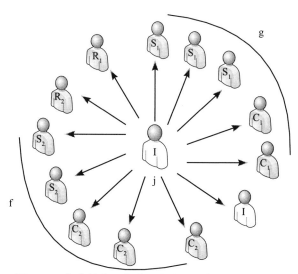

图6-2　复杂社会网络未知状态 j 用户节点连通情况

$$\begin{cases} p^j_{is_1} = ((1-\Delta t\lambda_1)^g - (1-\Delta t(\alpha+\lambda_1))^g)(1-\Delta t(\alpha+\lambda_2))^f \\ p^j_{ic_1} = (1-(1-\Delta t\lambda_1)^g)(1-\Delta t(\alpha+\lambda_2))^f \\ p^j_{is_2} = (1-\Delta t(\alpha+\lambda_1))^g((1-\Delta t\lambda_2)^f - (1-\Delta t(\alpha+\lambda_2))^f) \quad (6-1) \\ p^j_{ic_2} = (1-\Delta t(\alpha+\lambda_1))^g(1-(1-\Delta t\lambda_2)^f) \\ p^i_{ir_2} = (1-\Delta t(\alpha+\lambda_1))^g(1-\Delta t(\alpha+\lambda_2))^f \end{cases}$$

假设用户节点 j 有 k 个相邻用户节点，g 和 f 为满足下列分布的随机变量：

$$\prod(g,\ f,\ t) = \binom{k}{g}\binom{k-g}{f}(\theta(k,\ t)+\varphi(k,\ t))^g(w(k,\ t)+\phi(k,\ t))^f$$
$$\times (1-\theta(k,\ t)-\varphi(k,\ t)-w(k,\ t)-\phi(k,\ t))^{k-g-f}$$
$$(6-2)$$

其中，$\theta(k,\ t)$、$\varphi(k,\ t)$、$w(k,\ t)$ 与 $\phi(k,\ t)$ 分别为 t 时刻度为 k 的用户节点与负面信息传播者 S_1、负面信息超级传播者 C_1、正面信息传播者 S_2 或正面信息超级传播者 C_2 相邻的概率。这些概率可以写为：

$$\begin{cases} \theta(k,\ t) = \sum_{k'} P(k'\,|\,k)P(s_{1k'}\,|\,i_k) \approx \sum_{k'} P(k'\,|\,k)\rho^{s_1}(k',\ t) \\ \varphi(k,\ t) = \sum_{k'} P(k'\,|\,k)P(c_{1k'}\,|\,i_k) \approx \sum_{k'} P(k'\,|\,k)\rho^{c_1}(k',\ t) \\ w(k,\ t) = \sum_{k'} P(k'\,|\,k)P(s_{2k'}\,|\,i_k) \approx \sum_{k'} P(k'\,|\,k)\rho^{s_2}(k',\ t) \\ \phi(k,\ t) = \sum_{k'} P(k'\,|\,k)P(c_{2k'}\,|\,i_k) \approx \sum_{k'} P(k'\,|\,k)\rho^{c_2}(k',\ t) \end{cases} \quad (6-3)$$

式（6-3）中，$P(k' \mid k)$ 为度相关函数。$P(s_{1k'} \mid i_k)$、$P(c_{1k'} \mid i_k)$、$P(s_{2k'} \mid i_k)$、$P(c_{2k'} \mid i_k)$ 分别表示度为 k 的未知者与度为 k′ 的负面信息传播者 S_1、负面信息超级传播者 C_1、正面信息传播者 S_2 以及正面信息超级传播者 C_2 相邻的概率。$\rho^{s_1}(k', t)$、$\rho^{c_1}(k', t)$、$\rho^{s_2}(k', t)$、$\rho^{c_2}(k', t)$ 分别表示 t 时刻度为 k′ 的用户节点处在负面信息传播者 S_1、负面信息超级传播者 C_1、正面信息传播者 S_2 以及正面信息超级传播者 C_2 各状态的密度。这里不考虑相邻个体之间的动态相关性，则可得到式（6-3）中各等式的近似值。

根据上述分析，考虑 g 和 f 的所有可能值，用户节点由未知者转变为负面信息传播者的状态平均转移概率 $\bar{p}_{is_1}(k, t)$ 为：

$$
\begin{aligned}
\bar{p}_{is_1}(k, t) = & \sum_{g=0}^{k} \sum_{f=0}^{k-g} \binom{k}{g}\binom{k-g}{f}(\theta(k, t) + \varphi(k, t))^g (w(k, t) + \phi(k, t))^f \\
& (1 - \theta(k, t) - \varphi(k, t) - w(k, t) - \phi(k, t))^{k-g-f}((1 - \Delta t\lambda_1)^g \\
& - (1 - \Delta t(\alpha + \lambda_1))^g)(1 - \Delta t(\alpha + \lambda_2))^f = [1 - \Delta t\lambda_1(\theta(k, t) \\
& + \varphi(k, t)) - \Delta t(\alpha + \lambda_2)(w(k, t) + \phi(k, t))]^k - [1 - \Delta t(\alpha \\
& + \lambda_1)(\theta(k, t) + \varphi(k, t)) - \Delta t(\alpha + \lambda_2)(w(k, t) + \phi(k, t))]^k
\end{aligned}
$$

$$(6-4)$$

类似地，可以得到 $\bar{p}_{ic_1}(k, t)$、$\bar{p}_{is_2}(k, t)$、$\bar{p}_{ic_2}(k, t)$、$\bar{p}_{ir_2}(k, t)$ 分别为：

$$
\begin{aligned}
\bar{p}_{ic_1}(k, t) = & \sum_{g=0}^{k} \sum_{f=0}^{k-g} \binom{k}{g}\binom{k-g}{f}(\theta(k, t) + \varphi(k, t))^g (w(k, t) + \phi(k, t))^f \\
& (1 - \theta(k, t) - \varphi(k, t) - w(k, t) - \phi(k, t))^{k-g-f}(1 - (1 - \Delta t\lambda_1)^g) \\
& (1 - \Delta t(\alpha + \lambda_2))^f = [1 - \Delta t(\alpha + \lambda_2)(w(k, t) + \phi(k, t))]^k \\
& - [1 - \Delta t\lambda_1(\theta(k, t) + \varphi(k, t)) - \Delta t(\alpha + \lambda_2)(w(k, t) \\
& + \phi(k, t))]^k
\end{aligned}
$$

$$(6-5)$$

$$
\begin{aligned}
\bar{p}_{is_2}(k, t) = & \sum_{g=0}^{k} \sum_{f=0}^{k-g} \binom{k}{g}\binom{k-g}{f}(\theta(k, t) + \varphi(k, t))^g (w(k, t) + \phi(k, t))^f \\
& (1 - \theta(k, t) - \varphi(k, t) - w(k, t) - \phi(k, t))^{k-g-f}(1 - \Delta t(\alpha + \lambda_1))^g \\
& ((1 - \Delta t\lambda_2)^f - (1 - \Delta t(\alpha + \lambda_2))^f) \\
= & [1 - \Delta t(\alpha + \lambda_1)(\theta(k, t) + \varphi(k, t)) - \Delta t\lambda_2(w(k, t) \\
& + \phi(k, t))]^k - [1 - \Delta t(\alpha + \lambda_1)(\theta(k, t) + \varphi(k, t)) \\
& - \Delta t(\alpha + \lambda_2)(w(k, t) + \phi(k, t))]^k
\end{aligned}
$$

$$(6-6)$$

$$\bar{p}_{ic_2}(k, t) = \sum_{g=0}^{k} \sum_{f=0}^{k-g} \binom{k}{g} \binom{k-g}{f} (\theta(k, t) + \varphi(k, t))^g (w(k, t) + \phi(k, t))^f$$

$$(1 - \theta(k, t) - \varphi(k, t) - w(k, t) - \phi(k, t))^{k-g-f} (1 - \Delta t(\alpha + \lambda_1))^g$$

$$(1 - (1 - \Delta t \lambda_2)^f) = [1 - \Delta t(\alpha + \lambda_1)(\theta(k, t) + \varphi(k, t))]^k$$

$$- [1 - \Delta t(\alpha + \lambda_1)(\theta(k, t) + \varphi(k, t)) - \Delta t \lambda_2 (w(k, t) + \phi(k, t))]^k$$

$$(6-7)$$

$$\bar{p}_{ir_2}(k, t) = \sum_{g=0}^{k} \sum_{f=0}^{k-g} \binom{k}{g} \binom{k-g}{f} (\theta(k, t) + \varphi(k, t))^g (w(k, t) + \phi(k, t))^f$$

$$(1 - \theta(k, t) - \varphi(k, t) - w(k, t) - \phi(k, t))^{k-g-f} (1 - \Delta t(\alpha + \lambda_1))^g$$

$$(1 - \Delta t(\alpha + \lambda_2))^f - [1 - \Delta t(\theta(k, t) + \varphi(k, t) + w(k, t)$$

$$+ \phi(k, t))]^k = [1 - \Delta t(\alpha + \lambda_1)(\theta(k, t) + \varphi(k, t)) - \Delta t(\alpha$$

$$+ \lambda_2)(w(k, t) + \phi(k, t))]^k - [1 - \Delta t(\theta(k, t) + \varphi(k, t)$$

$$+ w(k, t) + \phi(k, t))]^k$$

$$(6-8)$$

同样，当 t 时刻用户节点 j 处在负面信息传播者状态 S_1 时，其在时段 [t, t + Δt] 内转变为负面信息免疫者 R_1、正面信息传播者 S_2、正面信息免疫者 R_2 的概率分别为：

$$\begin{cases} p_{s_1 r_1}^j = [1 - (1 - \Delta t \delta)(1 - \Delta t \gamma)^{e+g}](1 - \Delta t \mu - \Delta t \varepsilon)^f \\ p_{s_1 s_2}^j = (1 - \Delta t \delta)(1 - \Delta t \gamma)^{e+g}[(1 - \Delta t \mu)^f - (1 - \Delta t \mu - \Delta t \varepsilon)^f] \\ p_{s_1 r_2}^j = (1 - \Delta t \delta)(1 - \Delta t \gamma)^{e+g}[1 - (1 - \Delta t \mu)^f] \end{cases} \quad (6-9)$$

式 (6-9) 中，g、f 和 e 为满足下列分布的随机变量：

$$\prod(g, f, e, t) = \binom{k}{g} \binom{k-g}{f} \binom{k-g-f}{e} (\theta(k, t) + \varphi(k, t))^g$$

$$(w(k, t) + \phi(k, t))^f v(k, t)^e$$

$$(1 - \theta(k, t) - \varphi(k, t) - w(k, t) -$$

$$\phi(k, t) - v(k, t))^{k-g-f-e}$$

$$(6-10)$$

其中，$v(k, t)$ 为 t 时刻度为 k 的用户节点与负面信息免疫者 R_1、正面信息免疫者 R_2 相邻的概率，可以写为：

$$v(k, t) = \sum_{k'} P(k' | k)(P(r_{1k'} | i_k) + P(r_{2k'} | i_k))$$

$$\approx \sum_{k'} P(k' | k)(\rho^{r_1}(k', t) + \rho^{r_2}(k', t)) \quad (6-11)$$

随后，可以推导出度为 k 的用户节点在时段 [t, t + Δt] 内，由负面信息传播者 S_1 转变为负面信息免疫者 R_1、正面信息传播者 S_2、正面信息免疫者 R_2

的状态平均转移概率 $\bar{p}_{s_1r_1}(k,\ t)$、$\bar{p}_{s_1s_2}(k,\ t)$、$\bar{p}_{s_1r_2}(k,\ t)$ 分别为：

$$
\begin{aligned}
\bar{p}_{s_1r_1}(k,t) &= \sum_{g=0}^{k}\sum_{f=0}^{k-g}\sum_{e=0}^{k-g-f}\binom{k}{g}\binom{k-g}{f}\binom{k-g-f}{e}(\theta(k,t)+\varphi(k,t))^g(w(k,t)\\
&\quad +\phi(k,t))^f v(k,t)^e(1-\theta(k,t)-\varphi(k,t)-w(k,t)-\phi(k,t)\\
&\quad -v(k,t))^{k-g-f-e}[1-(1-\Delta t\delta)(1-\Delta t\gamma)^{e+g}](1-\Delta t\mu-\Delta t\varepsilon)^f\\
&=[1-\Delta t(\mu+\varepsilon)(w(k,t)+\phi(k,t))]^k-(1-\Delta t\delta)[1-\Delta t\gamma(\theta(k,t)\\
&\quad +\varphi(k,t)+v(k,t))-\Delta t(\mu+\varepsilon)(w(k,t)+\phi(k,t))]^k
\end{aligned}
$$
$$(6-12)$$

$$
\begin{aligned}
\bar{p}_{s_1s_2}(k,t) &= \sum_{g=0}^{k}\sum_{f=0}^{k-g}\sum_{e=0}^{k-g-f}\binom{k}{g}\binom{k-g}{f}\binom{k-g-f}{e}(\theta(k,t)+\varphi(k,t))^g(w(k,t)\\
&\quad +\phi(k,t))^f v(k,t)^e(1-\theta(k,t)-\varphi(k,t)-w(k,t)-\phi(k,t)\\
&\quad -v(k,t))^{k-g-f-e}(1-\Delta t\delta)(1-\Delta t\gamma)^{e+g}[(1-\Delta t\mu)^f-(1-\Delta t\mu\\
&\quad -\Delta t\varepsilon)^f]=[1-\Delta t\gamma(\theta(k,t)+\varphi(k,t)+v(k,t))-\Delta t\mu(w(k,t)\\
&\quad +\phi(k,t))]^k(1-\Delta t\delta)-[1-\Delta t\gamma(\theta(k,t)+\varphi(k,t)+v(k,t))\\
&\quad -\Delta t(\mu+\varepsilon)(w(k,t)+\phi(k,t))]^k(1-\Delta t\delta)
\end{aligned}
$$
$$(6-13)$$

$$
\begin{aligned}
\bar{p}_{s_1r_2}(k,t) &= \sum_{g=0}^{k}\sum_{f=0}^{k-g}\sum_{e=0}^{k-g-f}\binom{k}{g}\binom{k-g}{f}\binom{k-g-f}{e}(\theta(k,t)+\varphi(k,t))^g(w(k,t)\\
&\quad +\phi(k,t))^f v(k,t)^e(1-\theta(k,t)-\varphi(k,t)-w(k,t)-\phi(k,t)\\
&\quad -v(k,t))^{k-g-f-e}(1-\Delta t\delta)(1-\Delta t\gamma)^{e+g}[1-(1-\Delta t\mu)^f]=[1\\
&\quad -\Delta t\gamma(\theta(k,t)+\varphi(k,t)+v(k,t))]^k(1-\Delta t\delta)-(1-\Delta t\delta)[1\\
&\quad -\Delta t\gamma(\theta(k,t)+\varphi(k,t)+v(k,t))-\Delta t\mu(w(k,t)+\phi(k,t))]^k
\end{aligned}
$$
$$(6-14)$$

同理，根据上述步骤可依次推导出度为 k 的用户节点在时段 $[t,\ t+\Delta t]$ 内其他状态间的平均转移概率 $\bar{p}_{s_2r_2}(k,\ t)$、$\bar{p}_{c_1r_1}(k,\ t)$、$\bar{p}_{c_1c_2}(k,\ t)$、$\bar{p}_{c_1r_2}(k,\ t)$、$\bar{p}_{c_2r_2}(k,\ t)$ 分别为：

$$\bar{p}_{s_2r_2}(k,\ t)=1-[1-\Delta t\gamma(w(k,\ t)+\phi(k,\ t)+v(k,\ t))]^k(1-\Delta t\delta)$$
$$(6-15)$$

$$\bar{p}_{c_1r_1}(k,\ t)=\Delta t\delta[1-\Delta t(\mu+\varepsilon)(w(k,\ t)+\phi(k,\ t))]^k \qquad (6-16)$$

$$
\begin{aligned}
\bar{p}_{c_1c_2}(k,\ t)&=[1-\Delta t\mu(w(k,\ t)+\phi(k,\ t))]^k(1-\Delta t\delta)\\
&\quad -[1-\Delta t(\mu+\varepsilon)(w(k,\ t)+\phi(k,\ t))]^k(1-\Delta t\delta)
\end{aligned}
$$
$$(6-17)$$

$$\bar{p}_{c_1r_2}(k,\ t)=[1-(1-\Delta t\mu(w(k,\ t)+\phi(k,\ t)))^k](1-\Delta t\delta) \qquad (6-18)$$

$$\bar{p}_{c_2r_2}(k,\ t)=\delta\Delta t \qquad (6-19)$$

6.3.2　复杂社会网络信息传播突变调控 $IS_1S_2C_1C_2R_1R_2$ 模型构建

令 $I(k, t)$、$S_1(k, t)$、$S_2(k, t)$、$C_1(k, t)$、$C_2(k, t)$、$R_1(k, t)$、$R_2(k, t)$ 分别表示 t 时刻度为 k 的用户节点处在未知者 I、负面信息传播者 S_1、正面信息传播者 S_2、负面信息超级传播者 C_1、正面信息超级传播者 C_2、负面信息免疫者 R_1 及正面信息免疫者 R_2 状态的概率。根据上述分析可知，度为 k 的未知者在时段 $[t, t+\Delta t]$ 内转变为其他状态的概率为（$\bar{p}_{is_1}(k, t) + \bar{p}_{ic_1}(k, t) + \bar{p}_{is_2}(k, t) + \bar{p}_{ic_2}(k, t) + \bar{p}_{ir_2}(k, t)$）。因此，时段 $[t, t+\Delta t]$ 内复杂社会网络中处在未知者状态且度为 k 的用户节点数量变化可以表示为：

$$I(k, t+\Delta t) = I(k, t) - I(k, t)\bar{p}_{is_1} - I(k, t)\bar{p}_{ic_1} - I(k, t)\bar{p}_{is_2}$$
$$- I(k, t)\bar{p}_{ic_2} - I(k, t)\bar{p}_{ir_2} \qquad (6-20)$$

同理，可以得出时段 $[t, t+\Delta t]$ 内复杂社会网络中处在负面信息传播者 S_1、正面信息传播者 S_2、负面信息超级传播者 C_1、正面信息超级传播者 C_2、负面信息免疫者 R_1 及正面信息免疫者 R_2 的状态且度为 k 的用户节点数量变化：

$$S_1(k, t+\Delta t) = S_1(k, t) + I(k, t)\bar{p}_{is_1} - S_1(k, t)\bar{p}_{s_1r_1}$$
$$- S_1(k, t)\bar{p}_{s_1s_2} - S_1(k, t)\bar{p}_{s_1r_2} \qquad (6-21)$$

$$S_2(k, t+\Delta t) = S_2(k, t) + I(k, t)\bar{p}_{is_2} + S_1(k, t)\bar{p}_{s_1s_2} - S_2(k, t)\bar{p}_{s_2r_2}$$
$$\qquad (6-22)$$

$$C_1(k, t+\Delta t) = C_1(k, t) + I(k, t)\bar{p}_{ic_1} - C_1(k, t)\bar{p}_{c_1r_1}$$
$$- C_1(k, t)\bar{p}_{c_1c_2} - C_1(k, t)\bar{p}_{c_1r_2} \qquad (6-23)$$

$$C_2(k, t+\Delta t) = C_2(k, t) + I(k, t)\bar{p}_{ic_2} + C_1(k, t)\bar{p}_{c_1c_2} - C_2(k, t)\bar{p}_{c_2r_2}$$
$$\qquad (6-24)$$

$$R_1(k, t+\Delta t) = R_1(k, t) + S_1(k, t)\bar{p}_{s_1r_1} + C_1(k, t)\bar{p}_{c_1r_1} \qquad (6-25)$$

$$R_2(k, t+\Delta t) = R_2(k, t) + I(k, t)\bar{p}_{ir_2} + S_1(k, t)\bar{p}_{s_1r_2} + S_2(k, t)\bar{p}_{s_2r_2}$$
$$+ C_1(k, t)\bar{p}_{c_1r_2} + C_2(k, t)\bar{p}_{c_2r_2} \qquad (6-26)$$

令 $\rho^i(k, t)$、$\rho^{s_1}(k, t)$、$\rho^{s_2}(k, t)$、$\rho^{c_1}(k, t)$、$\rho^{c_2}(k, t)$、$\rho^{r_1}(k, t)$、$\rho^{r_2}(k, t)$ 分别表示复杂社会网络 t 时刻处在未知者 I、负面信息传播者 S_1、正面信息传播者 S_2、负面信息超级传播者 C_1、正面信息超级传播者 C_2、负面信息免疫者 R_1 及正面信息免疫者 R_2 状态的度为 k 的用户所占比例，且满足：

$$\rho^i(k', t) + \rho^{s_1}(k', t) + \rho^{s_2}(k', t) + \rho^{c_1}(k', t) + \rho^{c_2}(k', t)$$
$$+ \rho^{r_1}(k', t) + \rho^{r_2}(k', t) = 1 \qquad (6-27)$$

则当 $\Delta t \to 0$ 时，可以得出超级传播机制下复杂社会网络信息传播突变调控 $\mathrm{IS_1S_2C_1C_2R_1R_2}$ 模型：

$$\frac{\partial \rho^i(k,t)}{\partial t} = -k\rho^i(k,t) \sum_{k'} P(k'\,|\,k)(\rho^{s_1}(k',t) + \rho^{s_2}(k',t) + \rho^{c_1}(k',t) + \rho^{c_2}(k',t))$$

$$\frac{\partial \rho^{s_1}(k,t)}{\partial t} = k\alpha\rho^i(k,t) \sum_{k'} P(k'\,|\,k)(\rho^{s_1}(k',t) + \rho^{c_1}(k',t))$$
$$- k\gamma\rho^{s_1}(k,t) \sum_{k'} P(k'\,|\,k)(\rho^{s_1}(k',t) + \rho^{c_1}(k',t) + \rho^{r_1}(k',t) + \rho^{r_2}(k',t)) - k(\mu+\varepsilon)\rho^{s_1}(k,t) \sum_{k'} P(k'\,|\,k)(\rho^{s_2}(k',t) + \rho^{c_2}(k',t)) - \delta\rho^{s_1}(k,t)$$

$$\frac{\partial \rho^{s_2}(k,t)}{\partial t} = k\alpha\rho^i(k,t) \sum_{k'} P(k'\,|\,k)(\rho^{s_2}(k',t) + \rho^{c_2}(k',t))$$
$$- k\gamma\rho^{s_2}(k,t) \sum_{k'} P(k'\,|\,k)(\rho^{s_2}(k',t) + \rho^{c_2}(k',t) + \rho^{r_1}(k',t) + \rho^{r_2}(k',t)) + k\varepsilon\rho^{s_1}(k,t) \sum_{k'} P(k'\,|\,k)(\rho^{s_2}(k',t) + \rho^{c_2}(k',t)) - \delta\rho^{s_2}(k,t)$$

$$\frac{\partial \rho^{c_1}(k,t)}{\partial t} = k\lambda_1\rho^i(k,t) \sum_{k'} P(k'\,|\,k)(\rho^{s_1}(k',t) + \rho^{c_1}(k',t)) - k(\mu+\varepsilon)\rho^{c_1}(k,t) \sum_{k'} P(k'\,|\,k)(\rho^{s_2}(k',t) + \rho^{c_2}(k',t)) - \delta\rho^{c_1}(k,t)$$

$$\frac{\partial \rho^{c_2}(k,t)}{\partial t} = k\lambda_2\rho^i(k,t) \sum_{k'} P(k'\,|\,k)(\rho^{s_2}(k',t) + \rho^{c_2}(k',t)) + k\varepsilon\rho^{c_1}(k,t) \sum_{k'} P(k'\,|\,k)(\rho^{s_2}(k',t) + \rho^{c_2}(k',t)) - \delta\rho^{c_2}(k,t)$$

$$\frac{\partial \rho^{r_1}(k,t)}{\partial t} = k\gamma\rho^{s_1}(k,t) \sum_{k'} P(k'\,|\,k)(\rho^{s_1}(k',t) + \rho^{c_1}(k',t) + \rho^{r_1}(k',t) + \rho^{r_2}(k',t)) + \delta(\rho^{s_1}(k',t) + \rho^{c_1}(k',t))$$

$$\frac{\partial \rho^{r_2}(k,t)}{\partial t} = (1-\alpha-\lambda_1)k\rho^i(k,t) \sum_{k'} P(k'\,|\,k)(\rho^{s_1}(k',t) + \rho^{c_1}(k',t))$$
$$+ (1-\alpha-\lambda_2)k\rho^i(k,t) \sum_{k'} P(k'\,|\,k)(\rho^{s_2}(k',t) + \rho^{c_2}(k',t))$$
$$+ k\gamma\rho^{s_2}(k,t) \sum_{k'} P(k'\,|\,k)(\rho^{s_2}(k',t) + \rho^{c_2}(k',t) + \rho^{r_1}(k',t) + \rho^{r_2}(k',t)) + k\mu(\rho^{s_1}(k,t) + \rho^{c_1}(k',t)) \sum_{k'} P(k'\,|\,k)(\rho^{s_2}(k',t) + \rho^{c_2}(k',t)) + \delta(\rho^{s_2}(k',t) + \rho^{c_2}(k',t))$$

$$(6-28)$$

从式（6-28）复杂社会网络信息传播突变调控 $IS_1S_2C_1C_2R_1R_2$ 模型中可以看出，未知者 I 人数逐渐减少，而负面信息免疫者 R_1、正面信息免疫者 R_2 人数逐渐增多，负面信息传播者 S_1、正面信息传播者 S_2、负面信息超级传播者 C_1、正面信息超级传播者 C_2 是暂时状态，这些状态用户推动复杂社会网络负面信息传播突变调控过程。

6.4　稳定状态分析

假设初始时刻复杂社会网络只有两个用户节点处于传播状态，其中一人为负面信息传播者，另一人为正面信息传播者，其他剩余用户节点均为未知者，复杂社会网络信息传播突变调控过程以此为起点不断发展变化。从式（6-28）复杂社会网络信息传播突变调控 $IS_1S_2C_1C_2R_1R_2$ 模型中可以看出，负面信息传播者 S_1、正面信息传播者 S_2、负面信息超级传播者 C_1、正面信息超级传播者 C_2 状态下，用户人数先不断增多，随后不断下降直至人数减少为 0，此时复杂社会网络信息传播突变调控系统达到稳定状态，且复杂社会网络中仅存在未知者、负面信息免疫者、正面信息免疫者 3 种状态的用户节点。本节将通过基本再生数求解负面信息与正面信息的最终扩散规模，分析稳定状态下复杂社会网络空间信息传播突变调控效果。

6.4.1　基本再生数

基本再生数 R_0 是传播动力学模型中的重要参量。目前基本再生数有多种计算方法，本节采用雅克比（Jacobian）矩阵方法进行求解。

根据前面章节分析可知，复杂社会网络具有无标度等特性，故 6.3 节中所提度分布函数可表示为 $P(k'|k)=k'P(k')/\langle k \rangle$，其中 $P(k)$ 表示度分布函数，$\langle k \rangle$ 为节点平均度。为了简单，使用 $q(k')$ 表示度分布函数 $P(k'|k)$。

由于：

$$\frac{\partial \theta(k, t)}{\partial \rho^{s1}(k, t)}=\frac{\partial w(k, t)}{\partial \rho^{s2}(k, t)}=\frac{\partial \varphi(k, t)}{\partial \rho^{c1}(k, t)}=\frac{\partial \phi(k, t)}{\partial \rho^{c2}(k, t)}$$

$$=\frac{\partial v(k, t)}{\partial \rho^{r1}(k, t)}=\frac{\partial v(k, t)}{\partial \rho^{r2}(k, t)}=q(k) \qquad (6-29)$$

根据式（6-28）可得雅克比矩阵 J 为：

$$
J = \begin{bmatrix}
a_{11} & -\dfrac{\rho^i(k,t)\langle k^2\rangle}{\langle k\rangle} & -\dfrac{\rho^i(k,t)\langle k^2\rangle}{\langle k\rangle} & -\dfrac{\rho^i(k,t)\langle k^2\rangle}{\langle k\rangle} & -\dfrac{\rho^i(k,t)\langle k^2\rangle}{\langle k\rangle} & 0 & 0 \\
a_{21} & a_{22} & -\dfrac{(\mu+\varepsilon)\rho^{s1}(k,t)\langle k^2\rangle}{\langle k\rangle} & a_{24} & a_{25} & a_{26} & a_{27} \\
a_{31} & a_{32} & a_{33} & 0 & a_{35} & a_{36} & a_{37} \\
a_{41} & a_{42} & -\dfrac{(\mu+\varepsilon)\rho^{c1}(k,t)\langle k^2\rangle}{\langle k\rangle} & a_{44} & a_{45} & 0 & 0 \\
a_{51} & 0 & a_{53} & a_{54} & a_{55} & 0 & 0 \\
0 & a_{62} & 0 & a_{64} & 0 & a_{66} & a_{67} \\
a_{71} & a_{72} & a_{73} & a_{74} & a_{75} & a_{76} & a_{77}
\end{bmatrix}
$$

矩阵 J 中，

$a_{11} = -k(\theta(k,t) + w(k,t) + \varphi(k,t) + \phi(k,t))$,

$a_{21} = \alpha k(\theta(k,t) + \varphi(k,t))$

$a_{22} = \alpha\rho^i(k,t)\langle k^2\rangle/\langle k\rangle - \gamma k(\theta(k,t) + \varphi(k,t) + v(k,t))$
$\qquad - \gamma\rho^{s1}(k,t)\langle k^2\rangle/\langle k\rangle - \delta - (\mu+\varepsilon)k(w(k,t) + \phi(k,t))$

$a_{24} = \alpha\rho^i(k,t)\langle k^2\rangle/\langle k\rangle - \gamma\rho^{s1}(k,t)\langle k^2\rangle/\langle k\rangle$

$a_{25} = -(\mu+\varepsilon)\rho^{s1}(k,t)\langle k^2\rangle/\langle k\rangle$

$a_{26} = -\gamma\rho^{s1}(k,t)\langle k^2\rangle/\langle k\rangle$

$a_{27} = -\gamma\rho^{s1}(k,t)\langle k^2\rangle/\langle k\rangle$

$a_{31} = \alpha k(w(k,t) + \phi(k,t))$

$a_{32} = \varepsilon k(w(k,t) + \phi(k,t))$

$a_{33} = \alpha\rho^i(k,t)\langle k^2\rangle/\langle k\rangle - \gamma\rho^{s2}(k,t)\langle k^2\rangle/\langle k\rangle + \varepsilon\rho^{s1}(k,t)\langle k^2\rangle/\langle k\rangle$
$\qquad - \gamma k(w(k,t) + \phi(k,t) + v(k,t)) - \delta$

$a_{35} = \alpha\rho^i(k,t)\langle k^2\rangle/\langle k\rangle - \gamma\rho^{s2}(k,t)\langle k^2\rangle/\langle k\rangle + \varepsilon\rho^{s1}(k,t)\langle k^2\rangle/\langle k\rangle$

$a_{36} = -\gamma\rho^{s2}(k,t)\langle k^2\rangle/\langle k\rangle$

$a_{37} = -\gamma\rho^{s2}(k,t)\langle k^2\rangle/\langle k\rangle$

$a_{41} = \lambda_1 k(\theta(k,t) + \varphi(k,t))$

$a_{42} = \lambda_1\rho^i(k,t)\langle k^2\rangle/\langle k\rangle$

$a_{43} = -(\mu+\varepsilon)\rho^{c1}(k,t)\langle k^2\rangle/\langle k\rangle$

$a_{44} = \lambda_1\rho^i(k,t)\langle k^2\rangle/\langle k\rangle - (\mu+\varepsilon)k(w(k,t) + \phi(k,t)) - \delta$

$a_{45} = -(\mu+\varepsilon)\rho^{c1}(k,t)\langle k^2\rangle/\langle k\rangle$

$a_{51} = \lambda_2 k(w(k,t) + \phi(k,t))$

$a_{53} = \lambda_2\rho^i(k,t)\langle k^2\rangle/\langle k\rangle + \varepsilon\rho^{c1}(k,t)\langle k^2\rangle/\langle k\rangle$

$a_{54} = \varepsilon k(w(k,t) + \phi(k,t))$

$$a_{55} = \lambda_2 \rho^i(k, t)\langle k^2\rangle/\langle k\rangle + \varepsilon\rho^{c_1}(k, t)\langle k^2\rangle/\langle k\rangle - \delta$$

$$a_{62} = \gamma k(\theta(k, t) + \varphi(k, t) + v(k, t)) + \gamma\rho^{s_1}(k, t)\langle k^2\rangle/\langle k\rangle + \delta$$

$$a_{64} = \gamma\rho^{s_1}(k, t)\langle k^2\rangle/\langle k\rangle + \delta$$

$$a_{66} = \gamma\rho^{s_1}(k, t)\langle k^2\rangle/\langle k\rangle$$

$$a_{67} = \gamma\rho^{s_1}(k, t)\langle k^2\rangle/\langle k\rangle$$

$$a_{71} = (1 - \alpha - \lambda_1)k(\theta(k, t) + \varphi(k, t)) + (1 - \alpha - \lambda_2)k(w(k, t) + \phi(k, t))$$

$$a_{72} = (1 - \alpha - \lambda_1)\rho^i(k, t)\langle k^2\rangle/\langle k\rangle + \mu k(w(k, t) + \phi(k, t))$$

$$a_{73} = (1 - \alpha - \lambda_2)\rho^i(k, t)\langle k^2\rangle/\langle k\rangle + \gamma k(w(k, t) + \phi(k, t) + v(k, t))$$
$$+ \gamma\rho^{s_2}(k, t)\langle k^2\rangle/\langle k\rangle + \delta + \mu(\rho^{s_1}(k, t) + \rho^{c_1}(k, t))\langle k^2\rangle/\langle k\rangle$$

$$a_{74} = (1 - \alpha - \lambda_1)\rho^i(k, t)\langle k^2\rangle/\langle k\rangle + \mu k(w(k, t) + \phi(k, t))$$

$$a_{75} = (1 - \alpha - \lambda_2)\rho^i(k, t)\langle k^2\rangle/\langle k\rangle + \gamma\rho^{s_2}(k, t)\langle k^2\rangle/\langle k\rangle + \delta + (\mu(\rho^{s_1}(k, t)$$
$$+ \rho^{c_1}(k, t))\langle k^2\rangle)/\langle k\rangle$$

$$a_{76} = \gamma\rho^{s_2}(k, t)\langle k^2\rangle/\langle k\rangle$$

$$a_{77} = \gamma\rho^{s_2}(k, t)\langle k^2\rangle/\langle k\rangle$$

令式（6-28）等式右侧均为 0，很显然，系统存在平衡点 $E_0 = (1, 0, 0, 0, 0, 0)$。不失一般性，令 $\rho^i(k, 0) \approx 1$，则上述雅克比矩阵在平衡点 E_0 处可写为：

$$J(E_0) = \begin{bmatrix} 0 & -\dfrac{\langle k^2\rangle}{\langle k\rangle} & -\dfrac{\langle k^2\rangle}{\langle k\rangle} & -\dfrac{\langle k^2\rangle}{\langle k\rangle} & -\dfrac{\langle k^2\rangle}{\langle k\rangle} & 0 & 0 \\ 0 & \dfrac{\alpha\langle k^2\rangle}{\langle k\rangle} - \delta & 0 & \dfrac{\alpha\langle k^2\rangle}{\langle k\rangle} & 0 & 0 & 0 \\ 0 & 0 & \dfrac{\alpha\langle k^2\rangle}{\langle k\rangle} - \delta & 0 & \dfrac{\alpha\langle k^2\rangle}{\langle k\rangle} & 0 & 0 \\ 0 & \dfrac{\lambda_1\langle k^2\rangle}{\langle k\rangle} & 0 & \dfrac{\lambda_1\langle k^2\rangle}{\langle k\rangle} - \delta & 0 & 0 & 0 \\ 0 & 0 & \dfrac{\lambda_2\langle k^2\rangle}{\langle k\rangle} & 0 & \dfrac{\lambda_2\langle k^2\rangle}{\langle k\rangle} - \delta & 0 & 0 \\ 0 & \delta & 0 & \delta & 0 & 0 & 0 \\ 0 & \dfrac{(1-\alpha-\lambda_1)\langle k^2\rangle}{\langle k\rangle} & \dfrac{(1-\alpha-\lambda_2)\langle k^2\rangle}{\langle k\rangle} + \delta & \dfrac{(1-\alpha-\lambda_1)\langle k^2\rangle}{\langle k\rangle} & \dfrac{(1-\alpha-\lambda_2)\langle k^2\rangle}{\langle k\rangle} + \delta & 0 & 0 \end{bmatrix}$$

$$(6-30)$$

矩阵 $J(E_0)$ 对应特征方程可以表示为：

$$
|J(E_0) - \lambda E| = \begin{vmatrix}
-\lambda & -\dfrac{\langle k^2 \rangle}{\langle k \rangle} & -\dfrac{\langle k^2 \rangle}{\langle k \rangle} & -\dfrac{\langle k^2 \rangle}{\langle k \rangle} & -\dfrac{\langle k^2 \rangle}{\langle k \rangle} & 0 & 0 \\[2mm]
0 & \dfrac{\alpha \langle k^2 \rangle}{\langle k \rangle} - \delta - \lambda & 0 & \dfrac{\alpha \langle k^2 \rangle}{\langle k \rangle} & 0 & 0 & 0 \\[2mm]
0 & 0 & \dfrac{\alpha \langle k^2 \rangle}{\langle k \rangle} - \delta - \lambda & 0 & \dfrac{\alpha \langle k^2 \rangle}{\langle k \rangle} & 0 & 0 \\[2mm]
0 & \dfrac{\lambda_1 \langle k^2 \rangle}{\langle k \rangle} & 0 & \dfrac{\lambda_1 \langle k^2 \rangle}{\langle k \rangle} - \delta - \lambda & 0 & 0 & 0 \\[2mm]
0 & 0 & \dfrac{\lambda_2 \langle k^2 \rangle}{\langle k \rangle} & 0 & \dfrac{\lambda_2 \langle k^2 \rangle}{\langle k \rangle} - \delta - \lambda & 0 & 0 \\[2mm]
0 & \delta & 0 & \delta & 0 & -\lambda & 0 \\[2mm]
0 & \dfrac{(1-\alpha-\lambda_1)\langle k^2 \rangle}{\langle k \rangle} & \dfrac{(1-\alpha-\lambda_2)\langle k^2 \rangle}{\langle k \rangle} + \delta & \dfrac{(1-\alpha-\lambda_1)\langle k^2 \rangle}{\langle k \rangle} & \dfrac{(1-\alpha-\lambda_2)\langle k^2 \rangle}{\langle k \rangle} + \delta & 0 & -\lambda
\end{vmatrix}
$$

$$
= \lambda^3 (\delta + \lambda)^2 \left(\frac{(\alpha+\lambda_1)\langle k^2 \rangle}{\langle k \rangle} - \delta - \lambda \right) \left(\frac{(\alpha+\lambda_2)\langle k^2 \rangle}{\langle k \rangle} - \delta - \lambda \right) \tag{6-31}
$$

因此，根据赫尔维茨（Hurwitz）方法可得基本再生数为：

$$
R_0 = \max \left\{ \frac{(\alpha+\lambda_1)\langle k^2 \rangle}{\delta \langle k \rangle}, \quad \frac{(\alpha+\lambda_2)\langle k^2 \rangle}{\delta \langle k \rangle} \right\} \tag{6-32}
$$

6.4.2　稳定状态下复杂社会网络信息最终扩散规模

系统达到稳定状态下，复杂社会网络空间负面信息与正面信息最终扩散规模可用来衡量对应事件的扩散范围。令 $n \times n$ 矩阵 V 表示各状态转出与转入概率差减去各状态出现新增传播者概率后，在零平衡点处求导的结果。在计算矩阵的过程中涉及负面信息传播者 S_1、正面信息传播者 S_2、负面信息超级传播者 C_1、正面信息超级传播者 C_2 四种状态。因此，可以得出：

$$
V = \begin{bmatrix} \delta & 0 & 0 & 0 \\ 0 & \delta & 0 & 0 \\ 0 & 0 & \delta & 0 \\ 0 & 0 & 0 & \delta \end{bmatrix}, \quad V^{-1} = \begin{bmatrix} \delta^{-1} & 0 & 0 & 0 \\ 0 & \delta^{-1} & 0 & 0 \\ 0 & 0 & \delta^{-1} & 0 \\ 0 & 0 & 0 & \delta^{-1} \end{bmatrix}
$$

根据 J. 阿里诺等（Arino J et al.，2007）的研究可知，系统达到稳定状态时，复杂社会网络未知者状态最终人数所占比例与基本再生数、矩阵 V 有关，可表示为：

$$
\ln \left(\frac{\rho^i(k, 0)}{\rho^i(k, \infty)} \right) = R_0 \frac{\rho^i(k, 0) - \rho^i(k, \infty)}{\rho^i(k, 0)} + \left[\frac{(\alpha+\lambda_1)\langle k^2 \rangle}{\langle k \rangle}, \quad \frac{(\alpha+\lambda_2)\langle k^2 \rangle}{\langle k \rangle}, \right.
$$

$$
\frac{(\alpha+\lambda_1)\langle k^2\rangle}{\langle k\rangle}, \quad \frac{(\alpha+\lambda_2)\langle k^2\rangle}{\langle k\rangle}
\begin{bmatrix}
\delta^{-1} & 0 & 0 & 0 \\
0 & \delta^{-1} & 0 & 0 \\
0 & 0 & \delta^{-1} & 0 \\
0 & 0 & 0 & \delta^{-1}
\end{bmatrix}
$$

$$
\begin{bmatrix}
\rho^{s_1}(k,0) \\
\rho^{s_2}(k,0) \\
\rho^{c_1}(k,0) \\
\rho^{c_2}(k,0)
\end{bmatrix}
= R_0 \frac{\rho^i(k,0)-\rho^i(k,\infty)}{\rho^i(k,0)} + \frac{(\alpha+\lambda_1)\langle k^2\rangle}{\delta\langle k\rangle}
$$

$$
(\rho^{s_1}(k,0)+\rho^{c_1}(k,0)) + \frac{(\alpha+\lambda_2)\langle k^2\rangle}{\delta\langle k\rangle}(\rho^{s_2}(k,0)
$$

$$
+\rho^{c_2}(k,0)) \tag{6-33}
$$

由于 $\rho^r(k,\infty)=1-\rho^i(k,\infty)$，则复杂社会网络负面信息与正面信息的最终扩散规模 FR 可以表示为：

$$
FR = \sum_k P(k)(1-\rho^i(k,\infty)) \tag{6-34}
$$

由此可见，负面信息与正面信息的最终扩散范围与复杂社会网络用户节点度分布函数 $P(k)$ 密切相关。

6.5　超级传播机制下复杂社会网络信息突变调控模型仿真分析

本节采用数值仿真方法研究超级传播机制下复杂社会网络信息传播突变同步调控的动态过程。已有研究表明，复杂社会网络用户节点度大多服从幂律分布，而 BA 无标度网络被认为是构造具有幂律度分布特征的典型模型。因此，本节所有仿真实验均在 Matlab 平台生成的 BA 无标度网络中运行，其中用户节点总数 $N=1\,000$，节点平均度为 $\langle k\rangle=6$，节点度数二阶矩为 $\langle k^2\rangle=93.782$。每次实验开始，从 BA 无标度网络中随机选取 2 个节点分别作为初始负面信息传播者和正面信息传播者。为了避免结果随机性，所有仿真实验均重复运行 50 次并对结果取平均作为最终实验结果。

6.5.1　复杂社会网络信息传播突变调控过程

图 6-3 显示了超级传播机制影响下 BA 无标度网络中信息传播突变同步

调控动态过程。参数设置如下：$\alpha = 0.4$、$\lambda_1 = 0.2$、$\lambda_2 = 0.3$、$\varepsilon = 0.4$、$\gamma = 0.3$、$\mu = 0.3$、$\delta = 0.3$。从图中可以看出，未知者的密度不断下降直到系统达到稳定状态，而负面信息免疫者、正面信息免疫者的密度则恰恰相反，持续上升直到系统趋于稳定。负面信息传播者、正面信息传播者、负面信息超级传播者、正面信息超级传播者的密度变化趋势具有相似性，均先逐渐上升，达到顶点再逐渐下降直至消失为 0。当系统达到稳定状态时，网络中仅存在未知者、负面信息免疫者与正面信息免疫者三种状态的用户。从图 6 – 3 中还可发现，负面信息超级传播者密度的顶点值低于负面信息传播者密度的顶点值，但正面信息超级传播者密度的顶点值却高于正面信息传播者密度的顶点值，且负面信息传播者与超级传播者密度的顶点值均低于正面信息传播者与超级传播者密度的顶点值。造成这一结果的原因，一方面是由于 $\lambda_1 < \lambda_2$，即超级传播机制对负面信息的影响小于其对正面信息的影响，致使只有相对较少的用户会持续传播负面信息；另一方面，由于 $\varepsilon > \mu$，即正面信息的劝说力度较大，使得越来越多的负面信息传播者与负面信息超级传播者转变为对应的正面信息传播者与

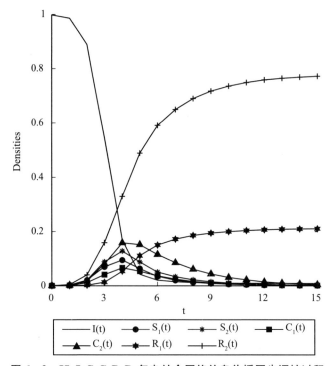

图 6 – 3　$IS_1S_2C_1C_2R_1R_2$ 复杂社会网络信息传播同步调控过程

超级传播者。进一步地，从图 6 - 3 中还可看出正面信息免疫者的最终密度远大于负面信息免疫者的密度。这主要是因为负面信息免疫者仅知道负面信息，而正面信息免疫者除了包含仅知道正面信息的用户外，还包含起初传播负面信息的传播者与超级传播者在得知正面信息后受到影响转变而来的用户。这些结果与式（6 - 28）的动力学分析结果一致。

6.5.2　超级传播影响机制分析

复杂社会网络空间负面信息给社会带来的最大影响可通过负面信息传播者与超级传播者密度和的最大值衡量，正面信息产生的最大影响可通过正面信息传播者与超级传播者密度和的最大值衡量。同时，负面信息与正面信息产生的影响可分别通过负面信息免疫者与正面信息免疫者的最终密度来衡量。图 6 - 4 与图 6 - 5 显示了不同传播概率 λ_1、λ_2 下，上述各密度随时间的变化情况。其中，λ_1、λ_2 分别代表超级传播机制对负面信息、正面信息的影响程度。图 6 - 4 中设置参数为 $\alpha = 0.3$、$\lambda_2 = 0$、$\varepsilon = 0.3$、$\gamma = 0.4$、$\mu = 0.3$、$\delta = 0.4$；图 6 - 5 中设置参数为 $\alpha = 0.3$、$\lambda_1 = 0$、$\varepsilon = 0.3$、$\gamma = 0.4$、$\mu = 0.3$、$\delta = 0.4$。

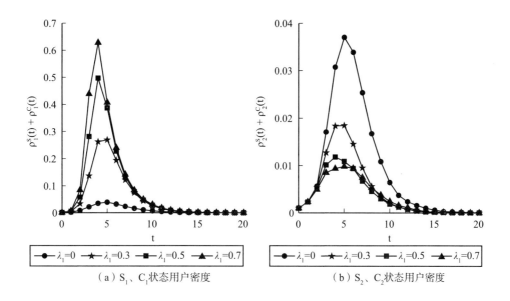

（a）S_1、C_1 状态用户密度　　　　（b）S_2、C_2 状态用户密度

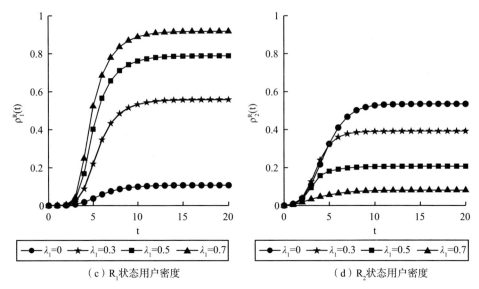

（c）R_1状态用户密度　　　　　　　（d）R_2状态用户密度

图 6 - 4　状态转移概率 λ_1 影响分析

　　从图 6 - 4（a）与图 6 - 4（c）中可以看出，当不考虑复杂社会网络空间超级传播机制对正面信息的影响时，随着传播概率 λ_1 的增加，超级传播机制对负面信息的影响程度不断增强，复杂社会网络空间负面信息传播者与超级传播者密度和的最大值不断增加，负面信息免疫者密度也不断增大。然而，从图 6 - 4（b）与图 6 - 4（d）中可以看出，随着传播概率 λ_1 的增加，复杂社会网络空间正面信息传播者与超级传播者密度和的最大值不断减小，正面信息免疫者密度也不断减小。此外，正面信息传播者与超级传播者密度达到顶点，以及正面信息免疫者达到稳定状态所需时间较负面信息较短。对比图 6 - 4（a）与图 6 - 4（b）可以看出，负面信息传播者与超级传播者密度和的顶点值比正面信息传播者与超级传播者密度和的顶点值大。同时对比图 6 - 4（c）与图 6 - 4（d）发现负面信息免疫者密度也高于正面信息免疫者密度。这些现象可以解释如下：首先，随着传播概率 λ_1 的增加，越来越多的未知者转变为负面信息超级传播者，持续传播负面信息直到忘记该负面信息或收到正面信息为止；其次，受羊群效应影响，复杂社会网络空间中有越来越多的用户倾向于传播负面信息，致使传播正面信息的用户越来越少；最后，网络用户节点特别是负面信息传播者与超级传播者收到正面信息的机会也不断减少。类似地，从图 6 - 5 中发现，当不考虑超级传播机制对复杂社会网络空间负面信息的影响时，随着传播概率 λ_2 的增加，超级传播机制对正面信息的影响程度不断增强，随着传播概率 λ_2 的变化，可以得出完全相反的结果，且这些结果可以用类似的原因进行解释。

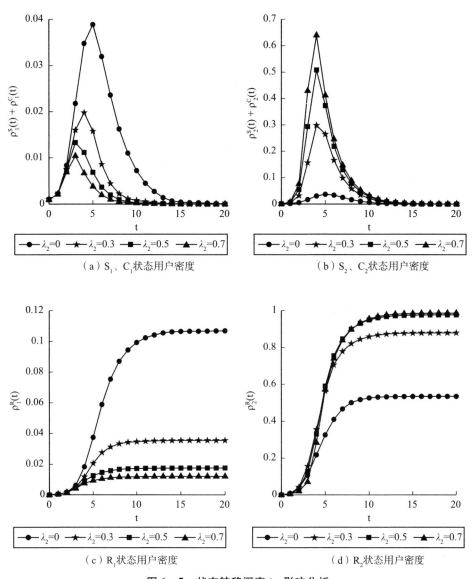

（a）S_1、C_1 状态用户密度　　（b）S_2、C_2 状态用户密度

（c）R_1 状态用户密度　　（d）R_2 状态用户密度

图 6 - 5　状态转移概率 λ_2 影响分析

此外，对比图 6 - 5 与图 6 - 4 可以看出，当复杂社会网络空间中超级传播

机制仅对负面信息产生影响时，负面信息与正面信息免疫者的最终密度的变化幅度大于超级传播机制仅对正面信息产生影响的情况。这一结果说明，如果政府及时采取措施，则可成功控制复杂社会网络负面信息的传播趋势。然而，若政府不采取任何措施放任负面信息传播，超级传播机制对负面信息的影响会导致负面信息扩散范围的爆炸式增长。这与谚语"好事不出门，坏事传千里"的说法是一致的。

进一步地，本节还分析了复杂社会网络空间超级传播机制对负面信息、正面信息同时产生影响时，负面信息、正面信息产生的最大影响以及最终扩散规模随传播概率 λ_1、λ_2 的变化情况，如图6-6所示。从图6-6中可以看出，负面信息的最大影响及其最终传播规模随着传播概率 λ_1 的增加而增加，但随传播概率 λ_2 的增大而减小，而正面信息的最大影响及其最终传播规模的变化趋势则恰恰相反。更值得注意的是，当两个传播概率相等时，即 $\lambda_1 = \lambda_2$ 时，复杂社会网络空间负面信息与正面信息产生的最大影响以及负面信息的最终传播规模均随着传播概率 λ_1、λ_2 的增大而增大，然而正面信息的最终传播规模则相反。这一结果表明，超级传播机制对复杂社会网络空间负面信息的影响大于对正面信息的影响。因此，当超级传播机制同时对负面信息、正面信息产生影响时，政府等有关部门应加大力度采取措施提高超级传播机制对正面信息的影响，并使之相较于负面信息具有绝对优势。

6.5.3　正面信息干预强度分析

复杂社会网络中，正面信息对负面信息的干预能力包括两个方面，一方面包括正面信息传播者及超级传播者劝说负面信息传播者及超级传播者转而传播正面信息的能力，即传播概率 ε；另一方面包括正面信息传播者及超级传播者阻止负面信息传播者及超级传播者继续传播负面信息的能力，即传播概率 μ。图6-7和图6-8显示了不同传播概率 ε 和 μ 下，负面信息传播者与超级传播者密度之和、正面信息传播者与超级传播者密度之和、负面信息免疫者、正面信息免疫者密度随时间的变化情况。图6-7中设置参数 $\alpha = 0.4$、$\lambda_1 = \lambda_2 = 0.2$、$\gamma = 0.3$、$\mu = 0.1$、$\delta = 0.3$；图6-8中设置参数 $\alpha = 0.4$、$\lambda_1 = \lambda_2 = 0.2$、$\varepsilon = 0.1$、$\gamma = 0.3$、$\delta = 0.3$。

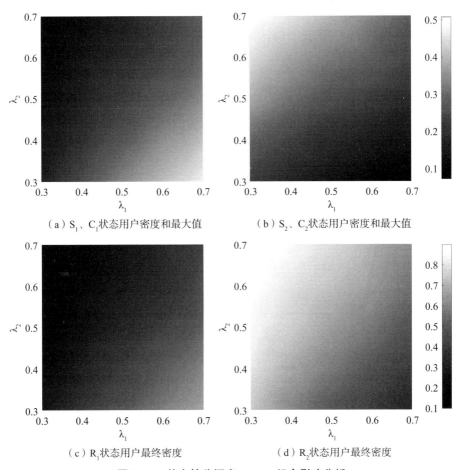

（a）S_1、C_1状态用户密度和最大值　　　　（b）S_2、C_2状态用户密度和最大值

（c）R_1状态用户最终密度　　　　　　　（d）R_2状态用户最终密度

图 6 - 6　状态转移概率 λ_1、λ_2 组合影响分析

　　从图 6 - 7 中可以看出，复杂社会网络中负面信息传播者及超级传播者密度之和到达顶点之后，随着传播概率 ε 的增大，曲线下降速度变快。正面信息传播者及超级传播者密度之和、正面信息免疫者最终密度随传播概率 ε 的增大而增大，但负面信息免疫者最终密度却随传播概率 ε 的增大而减小。造成这一结果的原因是传播概率 ε 的增大使得越来越多的负面信息传播者及超级传播者转变为相应的正面信息传播者及超级传播者。从图 6 - 8 中可以看出，随着传播概率 μ 的增大，负面信息免疫者最终密度逐渐减小，而正面信息免疫者密度却逐渐增大。这是因为传播概率 μ 的增大，使得之前本因遗忘机制影响逐渐转变为负面信息免疫者的用户转变为正面信息免疫者。然而，从图 6 - 8（a）与图 6 - 8（b）中可以看出，传播概率 μ 对复杂社会网

络两种对立信息传播者及超级传播者密度之和并没有太大影响。同时，对比图 6-7 与图 6-8 可以发现，图 6-7 中负面信息与正面信息免疫者最终密度变化范围大于图 6-8 中的密度变化范围。这是因为传播概率 ε 的增大提高了正面信息传播者与超级传播者的密度，使得负面信息传播者与超级传播者有更多机会接触传播正面信息的用户。这一结果启示政府等有关部门要注重提高正面信息的吸引力，在阻止复杂社会网络用户传播负面信息的同时，更应注重吸引更多网民积极传播正面信息。

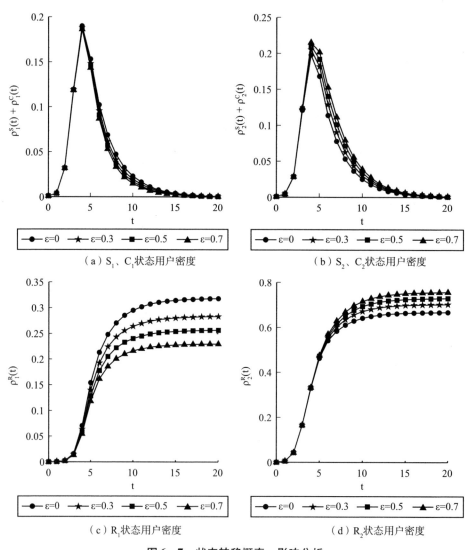

（a）S_1、C_1 状态用户密度

（b）S_2、C_2 状态用户密度

（c）R_1 状态用户密度

（d）R_2 状态用户密度

图 6-7　状态转移概率 ε 影响分析

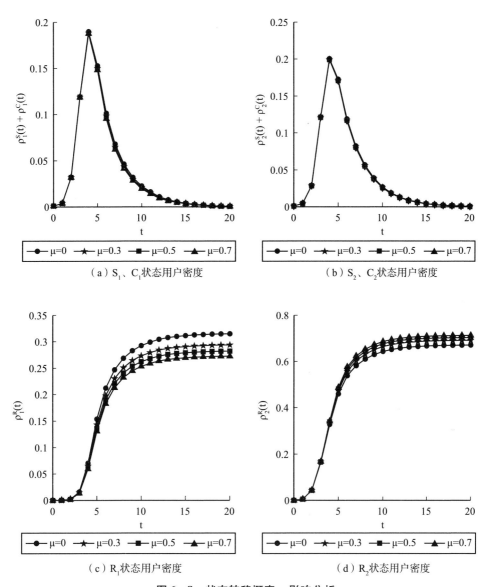

图 6-8　状态转移概率 μ 影响分析

6.5.4　超级传播机制下复杂社会网络信息传播突变干预对策

根据上述分析可知，复杂社会网络空间超级传播机制对负面信息的影响大于对正面信息的影响。当不考虑超级传播机制对正面信息的影响时，将导致谣言等负面信息最终扩散规模的爆发性增长。此外，正面信息对负面信息的干预能力越强，谣言等负面信息的最终扩散规模越小，正面信息的最终扩散规模越大。由此提出如下干预对策。

（1）政府等有关部门应抢先发布权威信息，加强与网民的双向互动，过滤追溯虚假有害信息。一方面，设立专题网页与新闻发言人，第一时间发布权威信息以遏制虚假负面消息大规模扩散。另一方面，政府应及时关注官方网站、微博、微信等公众平台相关信息的转发评论情况，注重实时互动、答疑解惑，引导公众理性思考。此外，还应加强对负面有害虚假信息的过滤，追溯负面虚假信息的传播源，及时处理异常情况，正确引导复杂社会网络信息传播发展趋势。

（2）借力权威媒体与非政府组织提高超级传播机制对复杂社会网络空间正面信息的影响。政府、企业等应充分发挥权威媒体、非政府组织等的引导作用，多渠道提升超级传播机制对正面信息的影响，同时注重提高正面信息传播引导艺术技巧，避免激进偏颇的语言表达方式，增强正面信息的吸引力，在遏制负面信息继续扩散的同时鼓励广大公众积极传播正面信息，进而大规模传递社会正能量。

（3）增强公众的自我疏导能力，推进复杂社会网络空间自我净化。一方面，通过举办公共课、开展科学讲座、张贴海报等形式对公众进行道德教育，不断提高公众道德素质和能力素质，引导复杂社会网络用户文明上网，独立思考并理性对待网络空间传播的内容，对未经证实的信息不盲目跟风传播，对偏激言论不妄自评论。另一方面，公众应树立网络安全意识，理性评估网络空间信息内容的真实性、导向性及其传播后果，做好自己的把关人。此外，还应不断提升自身科学素养，丰富自身知识储备，有效识别信息可信度，真正让网络服务于现实社会，推动网络空间健康有序发展。

6.6　本　章　小　结

本章分析了复杂社会网络空间信息传播突变过程中的超级传播现象，提出考虑超级传播机制的 $IS_1S_2C_1C_2R_1R_2$ 同步调控模型，刻画复杂社会网络正面信息对负面信息的动态干预过程，并求解基本再生数，分析稳定状态网络空间信息最终扩散规模。数值仿真结果表明，超级传播机制对负面信息的影响大于其对正面信息的影响。当不考虑超级传播机制对正面信息的影响时，将导致负面信息最终扩散规模的爆发性增长。此外，正面信息对负面信息的干预能力越强，负面信息最终扩散的规模越小，正面信息最终扩散的规模越大。政府等有关部门要注重提高正面信息的吸引力，在阻止复杂社会网络用户传播负面信息的同时，吸引更多网民积极传播正面信息。

第7章 考虑时变效应的复杂社会网络信息传播突变异步调控模型

很多情形下，政府等有关部门调控干预前需要投入时间进行调查，因而权威正面信息发布时常具有一定滞后性，且随时间的推移，信息时效性也会发生变化。因此，本章立足权威正面信息对负面信息的异步调控引导问题，分析时变效应对复杂社会网络信息传播突变调控过程的影响，并根据不同网络度分布差异，分别构建同质网络与异质网络传播动力学模型，以描述权威正面信息对负面信息传播突变的动态调控作用过程，揭示时变效应下复杂社会网络信息传播突变异步调控动态作用机制。

7.1　问　题　提　出

复杂社会网络空间涌现出的某一信息并非独立传播，尤其当官方机构发布权威信息后，往往呈现竞争信息并行的传播情境。因此，一些学者围绕竞争信息动态传播过程展开研究，为分析复杂社会网络信息传播突变调控过程奠定了基础。然而现有研究大多假设竞争性信息同步传播，往往忽略了时变效应对突变调控过程的影响。事实上，时变效应是影响复杂社会网络信息传播突变调控过程的重要因素。一方面，政府等官方机构发布权威信息前需要投入一定时间与精力进行调研，干预具有一定滞后性。另一方面，伴随事态发展，负面信息与权威正面信息的时效性均会削弱。此外，由于个人注意力有限，随着时间推移也会逐渐遗忘一些信息。因此，提出一种新的考虑时变效应的两阶段复杂社会网络信息传播突变异步调控模型。在第一阶段，负面信息独立传播，而在第二阶段，政府等官方机构发布权威正面信息，两类信息并行传播，进而提出异步调控动力学模型，深入分析复杂社会网络信息传播突变动态调控过程，为政府有效引导复杂社会网络信息传播扩散提供理论指导。

7.2　具有时变效应的复杂社会网络信息调控动力机制

7.2.1　用户状态分析

假设复杂社会网络是由 N 个用户构成的混合封闭网络,其中网络中节点表示用户,连边表示用户之间的关系。借助图论思想,可得到无向网络图 G = (V, E),其中 V 表示用户节点集合,E 表示用户之间的关系集合。

这里将复杂社会网络用户状态分为 5 类,即未知者(I),负面信息传播者(S_1),权威信息传播者(S_2),免疫者(R_1)和不认同者(R_2)。其中,未知者表示既不知道负面信息也不知道权威信息等正面信息的用户;负面信息传播者表示正在传播负面信息的用户;权威信息传播者表示正在传播权威信息的用户;免疫者表示知道但没有兴趣传播负面信息及权威信息的用户;不认同者表示不赞同负面信息内容且不传播的用户。考虑到权威信息相较于负面信息的滞后性,将复杂社会网络信息传播突变调控过程分为两个阶段。假设负面信息与权威信息出现的时间间隔是 τ。在第一阶段 $t \in [0, \tau)$,每个用户分别处在四种状态,即 I、S_1、R_1 和 R_2。在第二阶段 $t \in [\tau, +\infty)$,每个用户分别处在五种状态,即 I、S_1、S_2、R_1 和 R_2。

7.2.2　具有时变效应的状态转移过程分析

为了更好地理解复杂社会网络信息传播突变异步调控动力学机制,通过引入复杂社会网络用户在各状态间的转移概率,对具有时变效应的复杂社会网络信息传播突变异步调控过程进行抽象化描述。

假设复杂社会网络空间用户从未知者转变为负面信息传播者的概率为 λ_0,从未知者和不认同者转变为权威信息传播者的概率为 ξ_0,二者分别反映了负面信息与权威信息各自的吸引力。假设用户从未知者转变为不认同者的概率为 β_0,该概率体现了个体识别负面信息的能力。假设未知者收到负面信息、权威信息后转变为免疫者的概率分别为 α_0 和 ε_0,表示用户对负面信息和权威信息没有兴趣的概率。同时,假设负面信息和权威信息传播者转变为免疫者的概率分别为 η_0 和 θ_0,表示对所传播信息逐渐失去了兴趣。此外,令转移概率 μ_0 表示权威信息传播者阻止负面信息传播者传播的能力,转移概率 γ_0 表示权威信息传播者说服负面信息传播者传播权威信息的能力,二者共同反映了权威信息的力度。古语有言"事实胜于雄辩",因此假设权威信息传播力优于负面信息,即接受权威信息的人将对负面信息不再感兴趣。

值得注意的是,负面信息与权威信息均具有时效性,因而上述各状态转移概率并非恒定常数。同时,受遗忘机制等因素的影响,个体也会逐渐淡忘相关信息。因此,随着时间的推移,负面信息和权威信息吸引力以及用户传播热情呈下降趋势。由于这种现象与物理学中的退火相似,借鉴相关表征方法定义转移概率函数。以负面信息吸引力函数为例,有:

$$\lambda(t) = \frac{\lambda_0}{\lg(10 + vt)} \tag{7-1}$$

其中,t 表示时间,v 表示变化速度。如图 7 - 1 所示,令子图 7 - 1(a)中 v = 1,子图 7 - 1(b)中 $\lambda_0 = 0.5$,从图中可以看出 λ_0 值越大,负面信息越有吸引力,且负面信息吸引力随着 t 和 v 的增加而下降。

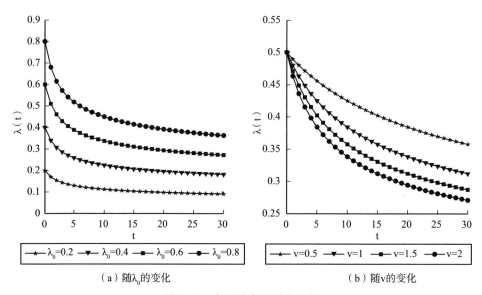

（a）随λ_0的变化   （b）随v的变化

图 7 - 1   负面信息吸引力函数

类似地,可以得到其他具有时变效应的状态转移概率函数 $\alpha(t) = 1 - \frac{1 - \alpha_0}{\lg(10 + vt)}$, $\beta(t) = \frac{\beta_0}{\lg(10 + vt)}$, $\eta(t) = 1 - \frac{1 - \eta_0}{\lg(10 + vt)}$。

此外,考虑到权威信息相较于负面信息的滞后性,第二阶段相应状态转移概率函数需要考虑两信息发布的时间间隔 τ。为此,定义权威信息吸引力函数为:

$$\xi(t) = \frac{\xi_0}{\lg(10 + v(t - \tau))} \tag{7-2}$$

如图 7 - 2 所示，令 $\xi_0 = 0.5$，$v = 1$，该图直观反映了权威信息吸引力的变化过程。从图中可以发现，较长时间间隔会加速权威信息吸引力的下降。也就是说，权威信息发布越晚，人们的关注度越低。类似地，可以得到其他具有时变效应的状态转移概率函数 $\varepsilon(t) = 1 - \dfrac{1 - \varepsilon_0}{\lg(10 + v(t - \tau))}$，$\theta(t) = 1 - \dfrac{1 - \theta_0}{\lg(10 + v(t - \tau))}$，$\gamma(t) = \dfrac{\gamma_0}{\lg(10 + v(t - \tau))}$，$\mu(t) = 1 - \dfrac{1 - \mu_0}{\lg(10 + v(t - \tau))}$。

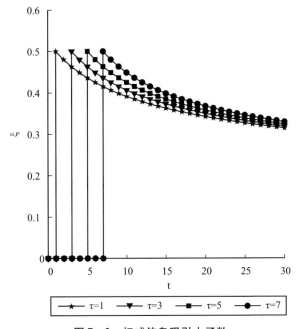

图 7 - 2　权威信息吸引力函数

7.2.3　两阶段复杂社会网络信息传播突变调控过程

令初始时刻网络空间只有一个负面信息传播者，其他用户均为未知者。当 $t = \tau$ 时，权威信息传播者出现并开始传播。根据 7.2.1 节，分别用 I、S_1、S_2、R_1 和 R_2 表示未知者、负面信息传播者、权威信息传播者、免疫者和不认同者。

在第一阶段 $t \in [0, \tau)$，负面信息传播突变规则如下。

（1）当复杂社会网络空间中一个未知者在时刻 t 接触到一个负面信息传播

者时，未知者以概率 $\lambda(t)$ 转变为负面信息传播者，以概率 $\alpha(t)$ 转变为免疫者，或以概率 $\beta(t)$ 转变为不认同者。由于未知者一旦听到负面信息便会知道相关信息，故有 $\lambda(t) + \alpha(t) + \beta(t) = 1$。未知者和负面信息传播者之间的相互作用可以用以下等式表示：

$$I + S_1 \xrightarrow{\lambda(t)} S_1 + S_1 \tag{7-3}$$

$$I + S_1 \xrightarrow{\alpha(t)} R_1 + S_1 \tag{7-4}$$

$$I + S_1 \xrightarrow{\beta(t)} R_2 + S_1 \tag{7-5}$$

其中，箭头左边表示两个接触用户的初始状态，箭头右边表示二者接触交互后的对应状态，箭头上方表示转移概率函数。

（2）当复杂社会网络空间中一个负面信息传播者在时刻 t 接触到另一个负面信息传播者、免疫者或不认同者时，前者以概率 $\eta(t)$ 变成免疫者。与式（7－3）至式（7－5）类似，负面信息传播者与负面信息传播者、免疫者或不认同者之间的相互作用过程可以用下列等式表示：

$$S_1 + S_1 \xrightarrow{\eta(t)} R_1 + S_1 \tag{7-6}$$

$$S_1 + R_1 \xrightarrow{\eta(t)} R_1 + R_1 \tag{7-7}$$

$$S_1 + R_2 \xrightarrow{\eta(t)} R_1 + R_2 \tag{7-8}$$

在第二阶段 $t \in [\tau, +\infty)$，当未知者、负面信息传播者、免疫者或不认同者接触负面信息传播者时，传播规则与第一阶段相同，而当个体接触到权威信息传播者时，相应的传播突变规则可以概括如下。

（1）当复杂社会网络空间中未知者在时刻 t 与权威信息传播者接触沟通时，该未知者将以概率 $\xi(t)$ 转变为权威信息传播者，或以概率 $\varepsilon(t)$ 转变为免疫者。由于未知者一旦听到权威信息就不再处于未知状态，故有 $\xi(t) + \varepsilon(t) = 1$。因而，未知者和权威信息传播者之间的相互作用过程可以用以下等式表示：

$$I + S_2 \xrightarrow{\xi(t)} S_2 + S_2 \tag{7-9}$$

$$I + S_2 \xrightarrow{\varepsilon(t)} R_1 + S_2 \tag{7-10}$$

（2）当复杂社会网络空间中负面信息传播者在时刻 t 与权威信息传播者接触沟通时，负面信息传播者将以概率 $\mu(t)$ 转变为免疫者，或以概率 $\gamma(t)$ 转变为权威信息传播者。这里，$\mu(t) + \gamma(t) \leqslant 1$。因此，负面信息传播者和权威信息传播者之间的相互作用过程可以表示为以下等式：

$$S_1 + S_2 \xrightarrow{\mu(t)} R_1 + S_2 \qquad\qquad (7-11)$$

$$S_1 + S_2 \xrightarrow{\gamma(t)} S_2 + S_2 \qquad\qquad (7-12)$$

（3）当复杂社会网络空间中一个权威信息传播者在时刻 t 与另一个权威信息传播者或免疫者接触时，前者将以概率 $\theta(t)$ 变成一个免疫者。因而，权威信息传播者和权威信息传播者或免疫者之间的相互作用过程可以用以下等式来描述：

$$S_2 + S_2 \xrightarrow{\theta(t)} R_1 + S_2 \qquad\qquad (7-13)$$

$$S_2 + R_1 \xrightarrow{\theta(t)} R_1 + R_1 \qquad\qquad (7-14)$$

（4）当复杂社会网络空间中不认同者在时刻 t 与权威信息传播者接触时，不认同者将以概率 $\xi(t)$ 成为权威信息传播者。因而，不认同者和权威信息传播者之间的相互作用过程可以用如下等式表示：

$$R_2 + S_2 \xrightarrow{\xi(t)} S_2 + S_2 \qquad\qquad (7-15)$$

每个阶段的状态转移过程分别如图 7 - 3（a）和图 7 - 3（b）所示，其中图 7 - 3（a）表示第一阶段，图 7 - 3（b）表示第二阶段。

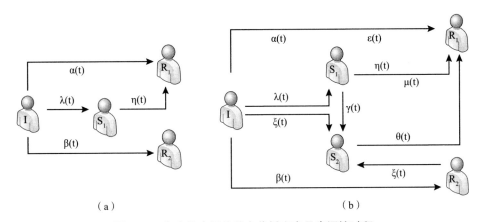

（a）　　　　　　　　　　　　　　　　（b）

图 7 - 3　复杂社会网络信息传播突变异步调控过程

7.3　复杂社会网络信息传播突变异步调控模型

根据上述复杂社会网络信息传播突变异步调控过程分析，提出两阶段 IS_1 $S_2R_1R_2$ 动力学模型，其中 I 表示未知者，S_1 表示负面信息传播者，S_2 表示权威信息传播者，R_1 表示免疫者，R_2 表示不认同者。根据网络拓扑结构特征分析可知，复杂社会网络具有小世界与无标度特性。本节根据小世界网络与无标度网络用户节点度分布的差异性，将复杂社会网络分为两类，即同质网络与异质网络。其中，同质网络中节点度波动幅度较小，而异质网络则相反。

7.3.1　同质网络信息传播突变异步调控模型

复杂社会网络平均度 $\langle k \rangle$ 表示所有用户节点度数的平均值。在同质网络中，假设每个用户节点度 k 等于网络平均度 $\langle k \rangle$，即 $k = \langle k \rangle$。分别用 $I(t)$，$S_1(t)$，$S_2(t)$、$R_1(t)$、$R_2(t)$ 表示 t 时刻未知者 I、负面信息传播者 S_1、权威信息传播者 S_2、免疫者 R_1、不认同者 R_2 的用户密度，且满足 $I(t) + S_1(t) + S_2(t) + R_1(t) + R_2(t) = 1$。

在第一阶段，不存在权威信息传播者，故有 $S_2(t) = 0$ 以及 $I(t) + S_1(t) + R_1(t) + R_2(t) = 1$。根据上述传播规则，可得如下第一阶段平均场方程：

$$\frac{dI(t)}{dt} = -\langle k \rangle I(t) S_1(t) \tag{7-16}$$

$$\frac{dS_1(t)}{dt} = \lambda(t) \langle k \rangle I(t) S_1(t) - \eta(t) \langle k \rangle S_1(t)(S_1(t) + R_1(t) + R_2(t)) \tag{7-17}$$

$$\frac{dR_1(t)}{dt} = \alpha(t) \langle k \rangle I(t) S_1(t) + \eta(t) \langle k \rangle S_1(t)(S_1(t) + R_1(t) + R_2(t)) \tag{7-18}$$

$$\frac{dR_2(t)}{dt} = \beta(t) \langle k \rangle I(t) S_1(t) \tag{7-19}$$

当 $t = \tau$ 时，权威信息传播者出现并开始在复杂社会网络中传播。根据上述传播规则，可得如下第二阶段平均场方程：

$$\frac{dI(t)}{dt} = -\langle k \rangle I(t)(S_1(t) + S_2(t)) \tag{7-20}$$

$$\frac{dS_1(t)}{dt} = \lambda(t) \langle k \rangle I(t) S_1(t) - \eta(t) \langle k \rangle S_1(t)(S_1(t) + R_1(t) + R_2(t))$$
$$- (\gamma(t) + \mu(t)) \langle k \rangle S_1(t) S_2(t) \tag{7-21}$$

$$\frac{dS_2(t)}{dt} = \xi(t)\langle k \rangle I(t)S_2(t) + \gamma(t)\langle k \rangle S_1(t)S_2(t) + \xi(t)\langle k \rangle R_2(t)S_2(t)$$

$$- \theta(t)\langle k \rangle S_2(t)(S_2(t) + R_1(t)) \tag{7-22}$$

$$\frac{dR_1(t)}{dt} = \alpha(t)\langle k \rangle I(t)S_1(t) + \varepsilon(t)\langle k \rangle I(t)S_2(t) + \eta(t)\langle k \rangle S_1(t)(S_1(t)$$

$$+ R_1(t) + R_2(t)) + \theta(t)\langle k \rangle S_2(t)(S_2(t) + R_1(t))$$

$$+ \mu(t)\langle k \rangle S_1(t)S_2(t) \tag{7-23}$$

$$\frac{dR_2(t)}{dt} = \beta(t)\langle k \rangle I(t)S_1(t) - \xi(t)\langle k \rangle R_2(t)S_2(t) \tag{7-24}$$

7.3.2 异质网络信息传播突变异步调控模型

在异质网络中，度 – 度相关性可以表示为 $P(k'|k) = k'P(k')/\langle k \rangle$，其中 $P(k)$ 为复杂社会网络度分布函数，$\langle k \rangle$ 表示平均度，即所有复杂社会网络用户节点度数的平均值。分别用 $I_k(t)$，$S_{1k}(t)$，$S_{2k}(t)$，$R_{1k}(t)$ 和 $R_{2k}(t)$ 表示 t 时刻度为 k 的节点中未知者 I、负面信息传播者 S_1、权威信息传播者 S_2、免疫者 R_1、不认同者 R_2 的密度。异质网络中，t 时刻未知者 I 的密度 $I(t)$ 可表示为 $I(t) = \sum_k I_k(t)P(k)$，同理可得 $S_1(t)$，$S_2(t)$，$R_1(t)$ 与 $R_2(t)$ 的表达式。第一阶段，满足 $I_k(t) + S_{1k}(t) + R_{1k}(t) + R_{2k}(t) = 1$，第二阶段，满足 $I_k(t) + S_{1k}(t) + S_{2k}(t) + R_{1k}(t) + R_{2k}(t) = 1$。根据上述复杂社会网络信息传播突变异步调控规则，可得如下第一阶段平均场方程。

$$\frac{dI_k(t)}{dt} = -kI_k(t)\sum_{k'}S_{1k'}(t)P(k'|k) \tag{7-25}$$

$$\frac{dS_{1k}(t)}{dt} = \lambda(t)kI_k(t)\sum_{k'}S_{1k'}(t)P(k'|k) - \eta(t)kS_{1k}(t)\sum_{k'}(S_{1k'}(t)$$

$$+ R_{1k'}(t) + R_{2k'}(t))P(k'|k) \tag{7-26}$$

$$\frac{dR_{1k}(t)}{dt} = \alpha(t)kI_k(t)\sum_{k'}S_{1k'}(t)P(k'|k) + \eta(t)kS_{1k}(t)\sum_{k'}(S_{1k'}(t)$$

$$+ R_{1k'}(t) + R_{2k'}(t))P(k'|k) \tag{7-27}$$

$$\frac{dR_{2k}(t)}{dt} = \beta(t)kI_k(t)\sum_{k'}S_{1k'}(t)P(k'|k) \tag{7-28}$$

同理，根据上述传播规则，可得如下第二阶段平均场方程。

$$\frac{dI_k(t)}{dt} = -kI_k(t)\sum_{k'}(S_{1k'}(t)+S_{2k'}(t))P(k'\mid k) \tag{7-29}$$

$$\frac{dS_{1k}(t)}{dt} = \lambda(t)kI_k(t)\sum_{k'}S_{1k'}(t)P(k'\mid k) - (\gamma(t)+\mu(t))kS_{1k}(t)\sum_{k'}S_{2k'}(t)P(k'\mid k)$$
$$- \eta(t)kS_{1k}(t)\sum_{k'}(S_{1k'}(t)+R_{1k'}(t)+R_{2k'}(t))P(k'\mid k) \tag{7-30}$$

$$\frac{dS_{2k}(t)}{dt} = \xi(t)kI_k(t)\sum_{k'}S_{2k'}(t)P(k'\mid k) + \gamma(t)kS_{1k}(t)\sum_{k'}S_{2k'}(t)P(k'\mid k)$$
$$+ \xi(t)kR_{2k}(t)\sum_{k'}S_{2k'}(t)P(k'\mid k) - \theta(t)kS_{2k}(t)\sum_{k'}(S_{2k'}(t)$$
$$+ R_{1k'}(t))P(k'\mid k) \tag{7-31}$$

$$\frac{dR_{1k}(t)}{dt} = \alpha(t)kI_k(t)\sum_{k'}S_{1k'}(t)P(k'\mid k) + \mu(t)kS_{1k}(t)\sum_{k'}S_{2k'}(t)P(k'\mid k)$$
$$+ \eta(t)kS_{1k}(t)\sum_{k'}(S_{1k'}(t)+R_{1k'}(t)+R_{2k'}(t))P(k'\mid k)$$
$$+ \varepsilon(t)kI_k(t)\sum_{k'}S_{2k'}(t)P(k'\mid k) + \theta(t)kS_{2k}(t)\sum_{k'}(S_{2k'}(t)$$
$$+ R_{1k'}(t))P(k'\mid k) \tag{7-32}$$

$$\frac{dR_{2k}(t)}{dt} = \beta(t)kI_k(t)\sum_{k'}S_{1k'}(t)P(k'\mid k) - \xi(t)kR_{2k}(t)\sum_{k'}S_{2k'}(t)P(k'\mid k)$$
$$\tag{7-33}$$

7.4　仿真分析

采用数值仿真方法验证上述分析结果的正确性，并揭示复杂社会网络信息传播突变调控性质。由于复杂社会网络具有高聚类、小世界等特性，很多研究选择 WS 小世界网络作为复杂社会网络典型代表展开研究。这是因为一方面，在 WS 小世界网络中，一个用户节点的两个相邻节点往往彼此互为邻居节点；另一方面，WS 小世界网络中两个节点之间的最短距离很短。此外，复杂社会网络用户节点度数一般服从幂律分布，BA 无标度网络被普遍认为是构造具有此特性网络的典型代表。因此，本节运用 Matlab 平台分别生成 WS 小世界网络和 BA 无标度网络，模拟复杂社会网络信息传播突变异步调控过程，进而分析 $IS_1S_2R_1R_2$ 模型动力学特性。

在 WS 小世界网络中，度分布函数 $P(k)$ 曲线顶点出现在平均值 $\langle k \rangle$ 处，而当 k≪〈k〉或 k≫〈k〉时呈指数下降趋势，节点度均匀分布。在 BA 无标度网络中，新加入的节点与已存在节点相连时，往往选择度数较大的节点，节点度数具有较大异质性。因此，本节用 WS 小世界网络代表同质网络，用 BA 无标度网络代表异质网络。设置 WS 小世界网络的用户总数 N = 1 000，随机重连概率 p = 0.3，平均度〈k〉= 6。设置 BA 无标度网络的用户总数也为 N = 1 000，平均度〈k〉= 6。

权威信息的发布延迟时间、变化速度、信息吸引力以及个体自我控制和辨识能力是研究复杂社会网络信息传播突变异步调控动态过程的重要方面。为了保证结果的可靠性，所有仿真均运行 50 次，即每次从网络中随机选择一个节点作为初始负面信息传播者运行 50 次，且对于每个初始负面信息传播者，再从不认可者中随机选择一个节点作为初始权威信息传播者并运行 50 次，最后通过求平均值得出仿真结果。在接下来的仿真实验中，通过免疫者和不认同者的最终密度衡量信息内容对应事件的影响，通过负面信息传播者密度最大值衡量负面信息所产生的最大影响，通过权威信息传播者密度的最大值衡量权威信息所产生的最大影响。

7.4.1　复杂社会网络信息传播突变调控过程

为了深入分析 WS 网络和 BA 网络中信息传播突变调控过程，各参数设置如下：$\lambda_0 = 0.4$，$\alpha_0 = 0.3$，$\beta_0 = 0.3$，$\xi_0 = 0.5$，$\varepsilon_0 = 0.5$，$\eta_0 = 0.5$，$\theta_0 = 0.5$，$\gamma_0 = 0.4$，$\mu_0 = 0.3$，$\tau = 1$，$v = 0.5$。图 7 - 4（a）与图 7 - 4（b）分别表示 WS 网络和 BA 网络中的信息传播突变调控过程。

从图 7 - 4 可以看出，未知者密度持续下降直到达到稳定状态，而免疫者密度和不认同者密度则恰恰相反。负面信息传播者和权威信息传播者的密度先增长到峰值，然后逐渐下降。当系统达到稳定状态时，网络空间只存在未知者、免疫者和不认同者。同时，权威信息传播者密度的变化趋势落后于负面信息传播者，但其密度峰值高于负面信息传播者。这主要是因为权威信息往往是在负面信息开始传播之后发布的，且一些负面信息传播者在收到权威信息后可能会转变为权威信息传播者。

对比图 7 - 4（a）和图 7 - 4（b）可以看出，负面信息在 BA 网络中的传播速度比在 WS 网络中快得多，且 BA 网络中负面信息传播者密度的最大值也远大于 WS 网络。从图中我们还可以发现，负面信息在 WS 网络中达到峰值和衰退所需的时间几乎是 BA 网络中相应时间的 1.5 倍。这一结果可以解释为，

BA 网络中的中心用户有助于加速负面信息传播，但一旦他们转变为免疫者或不认同者，也会有效阻止负面信息进一步传播扩散。同理，对于权威信息也可以得到类似结果。由此可见，BA 网络（异质网络）比 WS 网络（同质网络）更容易传播负面信息和权威信息。

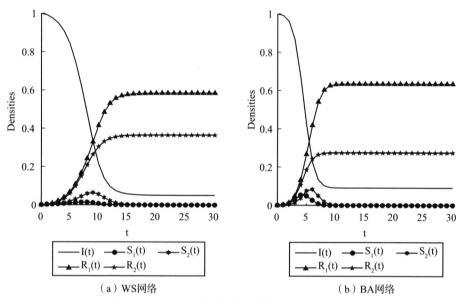

（a）WS网络   （b）BA网络

图 7 – 4　复杂社会网络信息传播突变调控过程

7.4.2　权威信息发布延迟时间影响分析

图 7 – 5 至图 7 – 7 分别显示了延迟时间 τ 对复杂社会网络信息传播最终扩散规模、负面信息和权威信息最大影响的作用过程。这里设置各参数值分别为 $\lambda_0 = 0.4$，$\alpha_0 = 0.3$，$\beta_0 = 0.3$，$\xi_0 = 0.5$，$\varepsilon_0 = 0.5$，$\eta_0 = 0.5$，$\theta_0 = 0.5$，$\gamma_0 = 0.4$，$\mu_0 = 0.3$，$v = 0.5$。图 7 – 5 至图 7 – 7 中，横轴表示时间，纵轴表示延迟时间，密度颜色编码值通过蒙特卡罗仿真获得。随着颜色由深变浅，密度值逐渐增大。图 7 – 5（a）、图 7 – 6（a）、图 7 – 7（a）表示 WS 网络中的密度变化情况，图 7 – 5（b）、图 7 – 6（b）、图 7 – 7（b）表示 BA 网络中的密度变化情况。

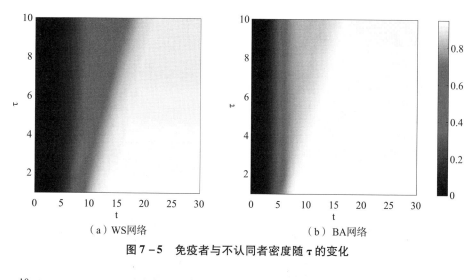

（a）WS网络　　　　　　　　　（b）BA网络

图 7-5　免疫者与不认同者密度随 τ 的变化

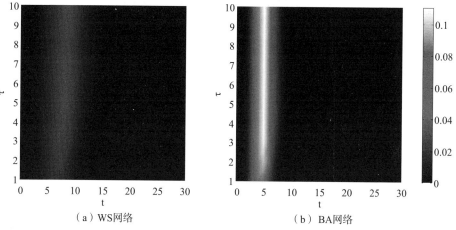

（a）WS网络　　　　　　　　　（b）BA网络

图 7-6　负面信息传播者密度随 τ 的变化

从图 7-5 至图 7-7 可以看出，延迟时间 τ 对复杂社会网络空间相关信息扩散规模大小和权威信息最大影响力具有重要影响，但对负面信息最大影响力作用不大。图 7-5 和图 7-7 显示，随着延迟时间 τ 的增加，免疫者、不认同者的最终密度和权威信息传播者的最大密度逐渐降低，这意味着权威信息发布越早，则知道相关信息及相应事件的人越多，权威信息最大影响力越强。此外，图 7-5 还表明，传播持续时间随着延迟时间 τ 的增加而延长，也就是说，权威信息发布越晚，复杂社会网络空间中信息传播时间就越长。特别地，从图 7-7 还可以看出，当延迟时间 τ 较长时，权威信息达到峰值的时间更滞后，且权威信息传播者存在的时间更短。此外，与 WS 网络相比，负面信息在 BA

网络中的传播速度更快，权威信息传播的时间更短。上述这些结果与实际情况相符。例如，当政府等官方机构快速发布权威信息时，公众通常可以从官方网站或主流媒体处获知相关信息，而且权威信息发布越早，公众越容易对相关事件产生较大兴趣并传播相应信息，使得越来越多的人在短时间内了解相应事件。但与之不同，若政府等官方机构发布权威信息的时间较晚，权威信息的时效性就会降低，一些公众失去了传播相关信息的兴趣，因而知道对应事件的最终规模也逐渐降低。

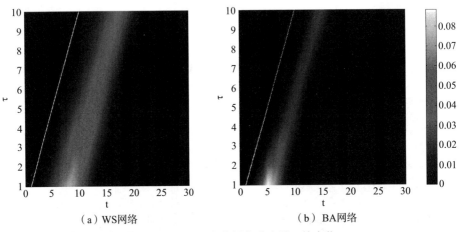

（a）WS网络　　　　　　　　（b）BA网络

图 7 - 7　权威信息传播者密度随 τ 的变化

7.4.3　变化速度影响分析

如图 7 - 8 至图 7 - 10 所示，进一步分析变化速度 v 对复杂社会网络信息传播突变调控过程的影响。这里设置各参数值分别为 $\lambda_0 = 0.4$，$\alpha_0 = 0.3$，$\beta_0 = 0.3$，$\xi_0 = 0.5$，$\varepsilon_0 = 0.5$，$\eta_0 = 0.5$，$\theta_0 = 0.5$，$\gamma_0 = 0.4$，$\mu_0 = 0.3$，$\tau = 5$。图 7 - 8 至图 7 - 10 中，横轴代表时间，纵轴代表变化速度，免疫者、不认同者、负面信息传播者、权威信息传播者密度颜色编码值通过蒙特卡罗仿真获得。当图中颜色由黑色变为白色时，表明密度逐渐变大。图 7 - 8 （a）、图 7 - 9（a）、图 7 - 10 （a）表示 WS 网络中的密度变化情况，图 7 - 8 （b）、图 7 - 9（b）、图 7 - 10 （b）表示 BA 网络中的密度变化情况。

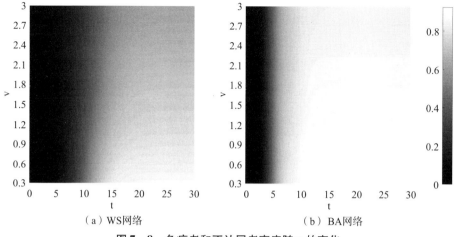

图 7 - 8　免疫者和不认同者密度随 v 的变化

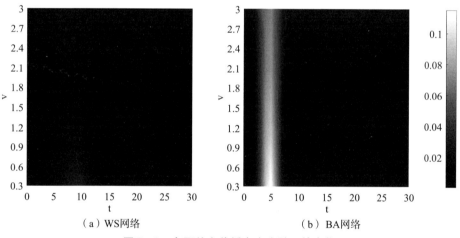

图 7 - 9　负面信息传播者密度随 v 的变化

从图 7 - 8 至图 7 - 10 可以看出，变化速度 v 对复杂社会网络空间相应信息最终扩散规模和负面信息最大影响力有显著影响，但对权威信息最大影响力影响不大。观察图 7 - 8 和图 7 - 9 可以发现，随着变化速度 v 的增加，免疫者和不认同者的最终密度和负面信息传播者的密度最大值逐渐降低。这一结果意味着变化速度越慢，复杂社会网络空间知道相关信息的个体越多，负面信息的最大影响力越大。

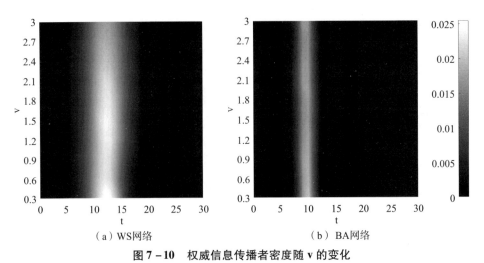

（a）WS网络　　　　　　　（b）BA网络

图7-10　权威信息传播者密度随 v 的变化

7.4.4　权威信息吸引力影响分析

图7-11至图7-13分别显示了权威信息吸引力对复杂社会网络空间相应信息的最终扩散规模大小、负面信息和权威信息影响力的作用。这里分别设置各参数为 $\lambda_0 = 0.4$，$\alpha_0 = 0.3$，$\beta_0 = 0.3$，$\eta_0 = 0.5$，$\theta_0 = 0.5$，$\gamma_0 = 0.4$，$\mu_0 = 0.3$，$\tau = 1$，$v = 0.5$。图7-11至图7-13中，横轴代表时间，纵轴代表权威信息吸引力，密度颜色编码值从蒙特卡罗仿真中获得，且随颜色从黑色变为白色，密度逐渐变大。图7-11（a）、图7-12（a）、图7-13（a）表示 WS 网络中的密度变化情况，图7-11（b）、图7-12（b）、图7-13（b）表示 BA 网络中的密度变化情况。

从图7-11至图7-13可以看出，权威信息吸引力 ξ_0 对复杂社会网络空间相应信息最终扩散规模、负面信息和权威信息最大影响力具有重要影响。图7-11和图7-13显示，随着权威信息吸引力 ξ_0 的增加，免疫者、不认同者的最终密度以及权威信息传播者的密度最大值逐渐增加。这意味着权威信息吸引力越大，则复杂社会网络空间知道相应信息的人数越多，权威信息最大影响力也就越大。同时，从图7-11还可看出，当权威信息吸引力趋于1时，稳定状态下颜色变浅，这意味着几乎所有人都知道了相应事件，而在图7-12中负面信息传播者的密度最大值却正好相反。此外，图7-11至图7-13还表明，传播持续时间随着权威信息吸引力 ξ_0 的增加而缩短，即权威信息吸引力 ξ_0 越大，复杂社会网络空间相应信息传播时间越短，当权威信息吸引力 ξ_0 较小时，负面信息、权威信息传播者密度达到峰值所需的时间较长，且权威信息

吸引力 ξ_0 越小，负面信息传播者存在时间更长。比较图 7 – 12 和图 7 – 13，可以看到当权威信息吸引力大于负面信息吸引力时，权威信息产生的最大影响大于负面信息，复杂社会网络空间相应信息最终扩散规模明显增加。由此可见，权威信息吸引力的增加能够有效降低负面信息的最终影响。

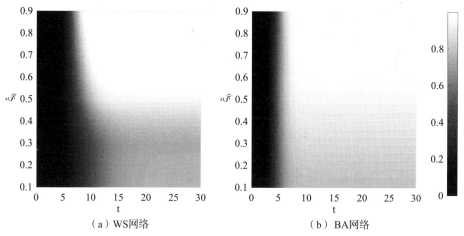

　　　　（a）WS网络　　　　　　　　　　　（b）BA网络

图 7 – 11　免疫者和不认同者密度随权威信息吸引力的变化

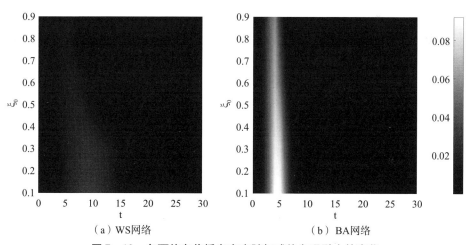

　　　　（a）WS网络　　　　　　　　　　　（b）BA网络

图 7 – 12　负面信息传播者密度随权威信息吸引力的变化

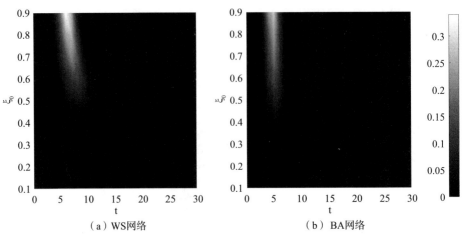

（a）WS网络　　　　　　　　　　（b）BA网络

图 7 – 13　权威信息传播者密度随权威信息吸引力的变化

7.4.5　负面信息吸引力与无兴趣率影响分析

　　图 7 – 14 至图 7 – 16 分别显示了负面信息吸引力 λ_0 和无兴趣率 α_0 对复杂社会网络空间相关信息最终扩散规模大小、负面信息和权威信息影响力的作用。这里设置各参数分别为 $\beta_0 = 0.1$，$\eta_0 = 0.5$，$\theta_0 = 0.5$，$\gamma_0 = 0.4$，$\mu_0 = 0.3$，$\tau = 1$，$v = 0.5$。图 7 – 14 至图 7 – 16 中，横轴表示时间，纵轴分别表示免疫者和不认同者的密度、负面信息传播者密度以及权威信息传播者密度。图 7 – 14（a）、图 7 – 15（a）、图 7 – 16（a）表示 WS 网络中的密度变化情况，图 7 – 14（b）、图 7 – 15（b）、图 7 – 16（b）表示 BA 网络中的密度变化情况。

　　由图 7 – 14 至图 7 – 16 可知，负面信息吸引力 λ_0 和无兴趣率 α_0 对复杂社会网络空间相关信息最终扩散规模、负面信息和权威信息最大影响力具有显著影响。图 7 – 14 和图 7 – 15 中，免疫者和不认同者的最终密度以及负面信息传播者密度最大值随负面信息吸引力 λ_0 增大和无兴趣率 α_0 的减小而增大，而在图 7 – 16 中，权威信息传播者的密度变化趋势却恰恰相反。由图 7 – 14 可知，随着负面信息吸引力 λ_0 增大和无兴趣率 α_0 减少，传播周期逐渐缩短。这意味着负面信息对公众的吸引力越高，对应事件越易引起关注，传播范围越广、传播速度越快，负面信息产生的影响力也越大。此外，从图 7 – 16 还可以看出，当公众不容易被负面信息吸引时，权威信息达到峰值的时间较晚，权威信息传播者在网络空间中存在的时间较长。这些结果表明，加强公众的自我控制能力是削弱负面信息负面影响的重要措施。

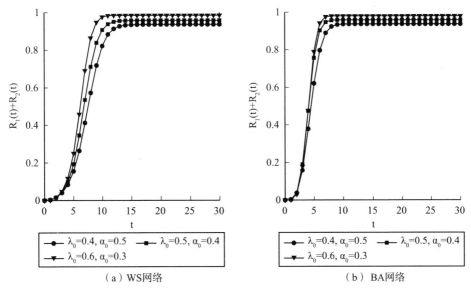

图 7−14　免疫者和不认同者密度随负面信息吸引力和无兴趣率的变化

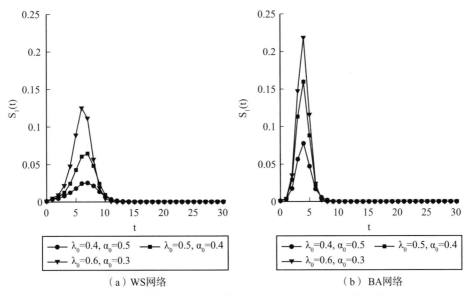

图 7−15　负面信息传播者密度随负面信息吸引力和无兴趣率的变化

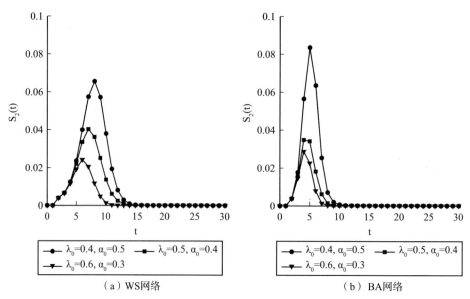

（a）WS网络　　　　　　　　　　（b）BA网络

图7－16　权威信息传播者密度随负面信息吸引力和无兴趣率的变化

7.4.6　负面信息吸引力与公众辨识力影响分析

图7－17至图7－19分别显示了负面信息吸引力 λ_0 和公众辨识力 β_0 对复杂社会网络空间相关信息最终扩散规模、负面信息和权威信息影响力的作用。这里分别设置各参数为 $\alpha_0 = 0.1$，$\eta_0 = 0.5$，$\theta_0 = 0.5$，$\gamma_0 = 0.4$，$\mu_0 = 0.3$，$\tau = 1$，$\upsilon = 0.5$。图7－17至图7－19中，横轴表示时间，纵轴表示免疫者和不认同者的密度、负面信息传播者密度以及权威信息传播者密度。图7－17（a）、图7－18（a）、图7－19（a）表示 WS 网络中的密度变化情况，图7－17（b）、图7－18（b）、图7－19（b）表示 BA 网络中的密度变化情况。

由图7－17至图7－19可知，负面信息吸引力 λ_0 和公众辨识力 β_0 对复杂社会网络空间相关信息最终扩散规模、负面信息和权威信息影响力具有显著影响。在图7－17和图7－18中，免疫者和不认同者的最终密度以及负面信息传播者的密度最大值随负面信息吸引力 λ_0 增大，随公众辨识力 β_0 减小而增大，而在图7－19中，权威信息传播者的密度变化趋势恰恰相反。从图7－17可以看出，随着负面信息吸引力 λ_0 增大和公众辨识力 β_0 减小，传播周期逐渐缩短，也就是说，负面信息越有吸引力，越会引起公众焦虑，复杂社会网络空间相关信息传播范围越广、传播速度越快，由负面信息产生的最大影响也越大。此外，从图7－19中还可以看出，当负面信息吸引力不强时，权威信息传播者密度最大值的到达时间延后，权威信息传播者在网络空间的存在时间会更长。这些结果启示我们，提高准确识别负面信息的能力有助于削弱复杂社会网络空间负面信息大规模扩散突变产生的负面影响。

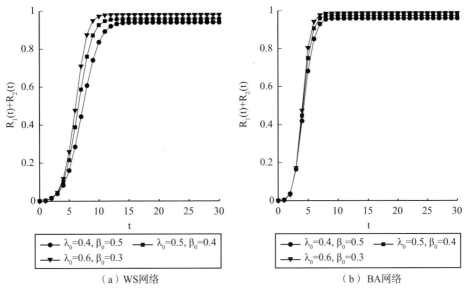

图 7 – 17 免疫者和不认同者密度随负面信息吸引力和辨识力的变化

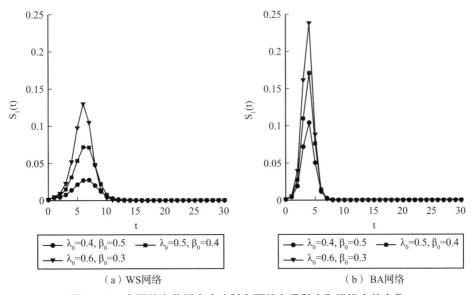

图 7 – 18 负面信息传播者密度随负面信息吸引力和辨识力的变化

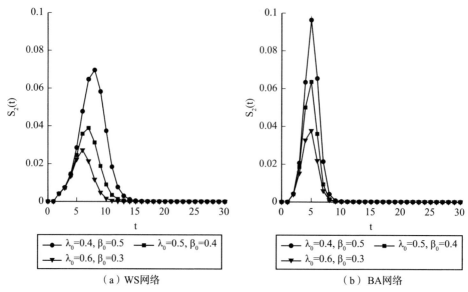

图 7 – 19   权威信息传播者密度随负面信息吸引力和辨识力的变化

7.5   本章小结

本章深入研究了具有时变效应的复杂社会网络信息传播突变异步调控过程动力学机制，提出了考虑时变效应的复杂社会网络信息传播突变调控两阶段 $IS_1S_2R_1R_2$ 模型，推导出同质网络和异质网络的两阶段平均场方程。蒙特卡罗仿真结果表明，异质网络更易于负面信息与权威信息的传播。特别是重大突发事件下，政府等官方机构越早发布具有吸引力的权威信息，负面信息影响越小。此外，这些研究结果还表明，要有效降低复杂社会网络空间负面信息大规模传播扩散突变产生的负面影响，还需要提高个体的自我控制能力和自我辨别能力。

第8章 考虑局部相对强度的复杂社会网络信息传播突变调控效果极大化模型

第6章和第7章针对复杂社会网络空间信息传播突变调控问题，分别围绕同步调控与异步调控两种情形，提出了考虑超级传播机制与时变效应的复杂社会网络信息传播突变调控引导模型。本章将针对复杂社会网络正面信息调控效果极大化问题，合理权衡用户节点对相邻节点影响力的削弱效应以及因其对相邻节点重要性而引起自身影响力潜在加强的强化效应影响，设计考虑局部相对强度的多个初始重要传播者选取方法。基于正面信息传播模型，分别在Facebook、Email、Blogs、MSN真实复杂社会网络进行实证分析，并与度数中心性、核数中心性、Single Discount启发式算法、Degree Discount启发式算法进行对比，验证所设计算法的有效性，以实现正面信息影响最大化，有效引导复杂社会网络空间信息传播。

8.1 复杂社会网络影响最大化问题分析

识别重要节点以最大化权威信息等正面信息传播产生的影响具有重要的理论意义与应用价值。影响最大化（influence maximization，IM）是指在给定复杂社会网络中，按照既定的传播规则寻找最优用户节点组合，使得从这些用户节点发出的权威信息等正面信息在复杂社会网络中的扩散规模最大。近年来，学者纷纷通过设计贪心算法、重要节点识别算法等探讨复杂社会网络影响最大化问题。然而现有方法在衡量复杂社会网络用户节点影响力时往往对节点异质性考虑不足。事实上，当复杂社会网络中处在重要位置的节点被选为初始重要传播者后，往往会抑制与之相邻的用户节点被选为初始重要传播者。对于已被选为初始重要传播者的用户节点而言，若其对相邻节点较为重要，则该节点的影响力也会潜在增加。因此，本章提出了一种考虑局部相对强度的多个初始重要传播者选取算法，并采用正面信息传播模型分别在 Facebook、Email、Blogs、MSN 四个真实复杂社会网络评估所提算法的效果。

8.2　正面信息多个初始重要传播者选取方法

借助图论的思想，用无向无权网络 $G = (V, E)$ 抽象表示复杂社会网络，其中顶点集合 V 表示用户，连边集合 E 表示用户之间的关系。假设 N 为复杂社会网络用户总数，M 为用户之间的关系总数。用户彼此之间的关系网络可用邻接矩阵 $\mathbf{A} = (a_{ij})_{N \times N}$ 表示，若复杂社会网络中用户 i 与用户 j 相连，则矩阵元素 $a_{ij} = 1$，否则 $a_{ij} = 0$。

8.2.1　度数中心性

复杂社会网络分析中，节点中心性也称为节点重要性。目前学者已基于不同中心性指标提出了多种衡量复杂社会网络用户影响力的方法。其中，度数中心性（degree centrality）被认为是衡量用户影响力最简单直接的方法。度数中心性一般根据复杂社会网络用户所连接的邻居用户的数量衡量用户影响力，排名前 k 个的用户即为所选取的 k 个有影响力的正面信息初始重要传播者。复杂社会网络中，一个用户所连接的邻居用户数量越多，影响力越大，相反所连接的邻居用户数量越少，影响力越小。例如，微博复杂社会网络中，拥有海量粉丝的明星往往较普通微博用户具有更高的影响力，能够吸引更多用户相信并转发他们所发布的正面信息。复杂社会网络用户度中心性可用式（8 - 1）表示。

$$C_D(i) = k_i = \sum_{j=1}^{N} a_{ij} \qquad (8-1)$$

其中，k_i 表示用户 i 的度数。

度数中心性仅考虑了用户直接相连邻居用户的数量，刻画了复杂社会网络用户的直接影响力。然而，由于其仅分析了复杂社会网络用户最局部的信息，而忽略了用户节点在网络中的位置等信息，因此根据用户度中心性选取的正面信息多个初始重要传播者效果有时并非最佳。

8.2.2　核数中心性

核数中心性（coreness）是一种基于网络拓扑结构的用户影响力度量方法。

近期研究表明，用户在复杂社会网络中的位置对用户的影响力具有重要作用。如果一个度值较大的用户处在复杂社会网络的边缘，则其对传播过程的影响较小。相反，若用户处在复杂社会网络的核心位置，即使度值较小，也会对传播过程产生重要影响。为此，M. 基萨克等（2010）提出一种 k - 核分解方法，通过识别用户在复杂社会网络中的位置来选取有影响力的用户。k - 核分解的基本思想如下：将复杂社会网络中所有度值为1的用户节点及其连边删除，此时，剩下的网络中会出现新的度值为1的用户节点，再将这些用户节点删除，以此类推，直到剩余网络中的用户节点度值均大于1。将所有被删除的用户节点组成一层，并分配给这些节点相同的核值1，即 $k_s = 1$。随后，按照同样的方法，持续删除剩余网络中所有度值为2的用户节点及其连边，并将这些用户节点组成新的一层，同时分配给这些用户相同的核值2，即 $k_s = 2$。不断重复这些操作，直到网络中没有剩余用户节点。k - 核分解具体示意图如图 8 - 1 所示。

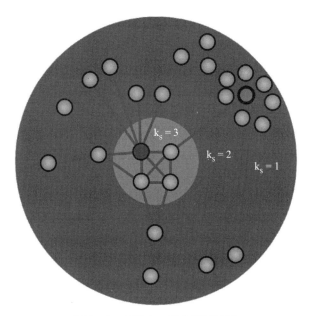

图 8 - 1　网络 k - 核分解示意图

资料来源：Kitsak M，Gallos L K，Havlin S，et al. Identification of Influential Spreaders in Complex Networks［J］. Nature Physics，2010，6（11）：888 - 893.

　　基于 k - 核分解法的核数中心性计算复杂度较低，在大规模复杂社会网络重要用户选取等方面具有很多应用价值。然而，核数中心性太过粗粒化，k -

核分解法将众多核数相同的用户节点归为同一层级，并假设同一层级的用户影响力相同，且在分解网络时仅考虑了用户节点在剩余网络中的度数，相当于假设同一层级的用户节点在外层具有相同的相邻用户节点数目，显然不合理。因此，核数中心性对同一层级复杂社会网络用户的区分度不高，具有一定局限性。特别地，在树形网络、BA 无标度网络、星形网络中，大部分甚至所有节点往往具有相同核数，将这些用户节点重要性同一化处理显然不合理。为此，一些学者提出了多种进一步区分同一层级用户节点影响力的改进方法，较 M. 基萨克等（2010）的方法略佳。

8.2.3　Single Discount 启发式算法

近年来，运用启发式算法选取多个初始重要用户节点以实现影响力最大化逐渐引起学者关注。启发式算法是指根据相应的规则逐一选择初始重要用户节点。Single Discount 启发式算法可以看作是度数中心性方法的一种延伸，其基本思想如下：假设复杂社会网络用户节点 j 为用户节点 i 的相邻用户节点，若用户节点 j 已被选为初始重要用户节点，则预计将用户节点 i 添加到初始重要用户节点集合时，应将节点 i 的度数减 1。采用 Single Discount 启发式算法选取正面信息多个初始重要传播者时，在每次迭代过程中，均会选择一个度数最大的用户节点加入初始重要传播者集合。然后，将该用户节点立即删除，重新计算剩余复杂社会网络中各用户节点的度数，即对与该用户节点相连的其他用户节点度数均打了折扣，且折扣值为 1。重复这一步骤直到所需数量的初始重要传播者均被选出。在 Single Discount 启发式算法中，复杂社会网络每个用户节点折扣后的度数 sd_i 可以表示为：

$$sd_i = k_i - s_i \qquad (8-2)$$

其中，k_i 表示用户节点 i 的度数，s_i 表示用户 i 的邻居用户节点中已被选为初始重要传播者的数量。

8.2.4　Degree Discount 启发式算法

Degree Discount 启发式算法考虑了传播概率的影响，是对 Single Discount 启发式算法的进一步延伸。Degree Discount 启发式算法的基本思想如下：假设传播者将正面信息发送给未知者后，该正面信息被接受并转发的概率为 β，若复杂社会网络用户节点 i 的邻居用户节点中已被选为初始重要传播者的数量为

s_i，则用户节点 i 被这些邻居用户节点影响而传播正面信息的概率为 $1 -$ $(1 - \beta)^{s_i}$，在这种情形下，再次将用户节点 i 选为初始重要传播者不会带来更多影响。相反，用户节点 i 没有被这些已被选为初始重要传播者的邻居用户节点所影响的概率为 $(1 - \beta)^{s_i}$，此时将用户节点 i 选为初始重要传播者可带来的影响包括两个方面。一方面，用户节点 i 会以概率 1 影响自身并成为传播者；另一方面，用户节点 i 会以概率 β 影响每一个与之相连的未被选为初始重要传播者的用户节点。因此，受用户节点 i 影响而新增加的传播者的期望为：

$$(1 - \beta)^{s_i}(1 + (k_i - s_i)\beta) \tag{8-3}$$

当传播概率 β 较小时，式（8-3）左侧部分可近似表示为 $1 - s_i\beta + o(s_i\beta)$。因此，式（8-3）可以表示为：

$$
\begin{aligned}
&(1 - \beta)^{s_i}(1 + (k_i - s_i)\beta) \\
&= (1 - s_i\beta + o(s_i\beta))(1 + (k_i - s_i)\beta) \\
&= 1 + (k_i - 2s_i)\beta - (k_i - s_i)s_i\beta^2 + o(s_i\beta) \\
&= 1 + (k_i - 2s_i - (k_i - s_i)s_i\beta + o(s_i))\beta
\end{aligned} \tag{8-4}
$$

进而，用户节点 i 折扣后的度数 dd_i 可以表示为：

$$dd_i = k_i - 2s_i - (k_i - s_i)s_i\beta \tag{8-5}$$

采用 Degree Discount 启发式算法选取正面信息多个初始重要传播者时，在每次迭代过程中，选择折扣后度数 dd_i 最大的用户节点加入初始重要传播者集合。

8.3　考虑局部相对强度的调控效果极大化模型

已有研究表明，启发式算法较中心性方法能显著提高传播过程的影响范围。同时，与贪心算法相比还可有效缩短选取初始重要传播者的时间。然而 Degree Discount 等启发式算法在衡量复杂社会网络用户节点影响力时往往对节点异质性考虑不足。事实上，当复杂社会网络中处在重要位置的节点被选为初始重要传播者后，往往会抑制与之相邻的用户节点在后续迭代过程中同时被选为初始重要传播者。对于已被选为初始重要传播者的用户节点而言，若其对相邻节点较为重要，该节点影响力也会潜在增加。本节将这两种相反作用分别定义为削弱效应与强化效应，同时分析这两种相反效应对用户节点影响力大小的影响，提出考虑局部相对强度（Local Relative Strength，LRS）的多个初始重要传播者选取算法，以实现复杂社会网络中正面信息对负面信息的调控效果极大大化。

考虑到当传播概率 β 较小时，传播者对与之距离大于 1 的用户节点的影响程度很小。因此，为了保证用户节点度数折扣程度计算的可控性，我们仅考虑传播者对其最邻近用户节点的直接影响，而忽略其对其他节点的间接影响。考虑局部相对强度选取多个初始重要传播者的具体思路如下。

步骤 1：定义用户节点局部相对强度。

对于一个目标用户节点 i，其与邻居用户节点 j 之间的局部相对强度可以定义如下：

$$w_{ij} = \frac{k_j - 1}{\sum\limits_{j \in \Gamma(i)} k_j} \tag{8-6}$$

其中，$\Gamma(i)$ 表示用户节点 i 的邻居用户节点集合，用户节点 j 为用户节点 i 的邻居用户，k_j 表示 j 的度数。当 $k_j = 1$ 时，对应局部相对强度 $w_{ij} = 0$。由此可知，w_{ij} 越大，用户节点 j 对用户节点 i 越重要。

步骤 2：初始化局部相对强度作用下的用户节点影响力。

本章定义用户节点影响力为受到该用户节点影响的节点数目的期望。根据上文分析，削弱效应与强化效应均会对受影响节点数目产生作用且具有非线性累计效用。这里根据用户节点局部相对强度值衡量削弱效应与强化效应产生的影响。由于初始时刻不存在传播者，故此时仅存在强化效应。因此，在考虑局部相对强度的情形下，若用户节点 i 对邻居用户节点 u 较为重要，当用户节点 i 被选为初始重要传播者时，其对邻居用户节点 u 的影响力为：

$$g_{iu} = 1 - (1 - \beta) e^{-w_{ui}} \tag{8-7}$$

则局部相对强度作用下用户节点 i 的影响力 lrs_{0i} 可初始化为：

$$lrs_{0i} = 1 + \sum\limits_{u \in \Gamma(i)} (1 - (1 - \beta) e^{-w_{ui}}) \tag{8-8}$$

步骤 3：更新局部相对强度作用下用户节点影响力。

令集合 S 表示已经被选为初始重要传播者的用户组成的节点集合。在每一次迭代过程中，均选择将局部相对强度作用下影响力最大的用户节点添加到集合 S 中。随后，根据集合 S 中用户节点的变化，逐步更新局部相对强度作用下剩余复杂社会网络每个用户节点的影响力。

为了实现复杂社会网络空间正面信息对负面信息的调控效果极大化，在衡量用户节点影响力时，既要考虑已被选为初始传播者对相邻尚未选为初始传播者用户节点影响力的削弱效应，也要考虑用户节点因对相邻用户节点较为重要而使得自身影响力潜在加强的强化效应，并在二者间进行平衡。为此，借鉴

Degree Discount 启发式算法设计思路，可得用户节点 i 的影响力为：

$$lrs_i = \prod_{j \in \Gamma(i) \cap S} (1 - \beta) e^{-w_{ij}} [1 + \sum_{u \in \Gamma(i) \setminus S} (1 - (1 - \beta) e^{-w_{ui}})] \quad (8-9)$$

步骤 4：选择多个初始重要传播者。

迭代重复步骤 3，当初始重要传播者集合 S 中用户节点数量满足所需要的初始传播者数量时，迭代停止。最后，集合 S 中的元素即为实现正面信息调控效果极大化所需要选择的多个初始重要传播者。

8.4　复杂社会网络实证分析

本节基于复杂社会网络正面信息传播模型，借助 Matlab 平台分别在 Facebook（Blagus N, Šubelj L, Bajec M, 2012）、Email（Guimera R et al., 2003）、Blogs（L. Adamic A and Glance N, 2005）、MSN（Xie N, 2006）真实复杂社会网络进行实证分析，将考虑局部相对强度的多个初始重要传播者选取 LRS 算法与度数中心性、核数中心性、Single Discount 启发式算法、Degree Discount 启发式算法进行对比，验证 LRS 正面信息调控效果极大化模型的有效性。

8.4.1　正面信息传播模型

本章采用复杂社会网络信息传播模型验证正面信息调控效果极大化模型的有效性。由于本节主要验证考虑局部相对强度 LRS 算法所选取的多个初始重要传播者对正面信息的传播效果，且主要通过正面信息最终扩散规模、各时刻受影响人数等指标进行衡量（详见 8.4.3），故为了突出重点，使对比结果更能直接反映选取算法对各指标的影响，忽略了其他因素的影响，综合第 4 章到第 7 章所构建模型进行了简化。

简化后的复杂社会网络正面信息传播模型中，复杂社会网络用户状态可以归为 3 类，即未知者（S）、传播者（I）、免疫者（R）。其中，未知者表示不知道正面信息，但收到该正面信息后极易受到传播者影响进行传播的用户，传播者表示正在传播正面信息的用户，免疫者表示知道该正面信息但没有兴趣传播的用户。传播者会以概率 β 影响与之相邻的每一个未知者，同时传播者会以概率 μ 失去传播兴趣变为免疫者。

8.4.2　数据集介绍

本章使用了 4 个不同复杂社会网络真实数据集进行实证分析，验证考虑局部相对强度的正面信息调控效果极大化模型的有效性。4 个复杂社会网络真实数据集具体说明如下。

（1）Facebook 数据集。该数据集从世界著名复杂社会网络 Facebook 应用程序 App 开放接口抓取获得。其中，节点表示 Facebook 平台注册用户，节点之间的连边表示用户之间的好友关系。

（2）Email 数据集。该数据集为罗维拉·威尔吉利大学（University Rovira i Virgili）不同成员使用电子邮件相互通信记录的网络。其中，节点表示该大学不同成员如教师、研究人员、技术人员、管理人员和研究生等使用的电子邮件地址，节点间的连边表示成员之间的电子邮件通信。

（3）Blogs 数据集。该数据集是将保守派、自由派两大美国政治阵营的博客相联合所构建的网络，博客间的连边等数据从各博客首页抓取获得。

（4）MSN 数据集。该数据集为在 MSN（Windows Live）空间网站上抓取的博客所有者之间的沟通关系网络数据。

简单起见，上述 4 个真实复杂社会网络均被视为无权无向网络。各数据集基本统计属性如表 8-1 所示。其中，N 表示复杂社会网络中用户节点的数量，M 表示网络节点之间连边的数量，$\langle k \rangle$ 表示网络各节点的平均度数，k_{max} 表示网络中节点度数最大值，β_{th} 表示正面信息传播阈值，根据前文传播阈值求解方法可得 $\beta_{th} = \langle k \rangle / \langle k^2 \rangle$。

表 8-1　　　　　　　真实复杂社会网络数据集基本统计属性

数据集	N	M	$\langle k \rangle$	k_{max}	β_{th}
Facebook	334	2 218	13. 28	58	0. 0466
Email	1 133	5 451	9. 62	71	0. 0535
Blogs	1 222	16 714	27. 36	351	0. 0123
MSN	3 982	6 803	3. 42	189	0. 0725

资料来源：根据 *Self-similar Scaling of Density in Complex Real-World Networks*、*Self-similar Community Structure in a Network of Human Interactions*、*The Political Blogosphere and the 2004 US Election: Divided They Blog*、*Social Network Analysis of Blogs* 等相关资料整理。

图8-2显示了各复杂社会网络节点度分布情况。从图中可以看出，与第2章分析一致，各真实复杂社会网络节点度并非均匀分布，而具有幂律分布特性。特别是Blogs复杂社会网络，节点度最大值 k_{max} 为351，节点度值波动范围最大，显然不同用户节点影响力存在显著差异。因此设计初始重要传播者选取方法以实现复杂社会网络空间正面信息调控效果极大化具有重要意义。

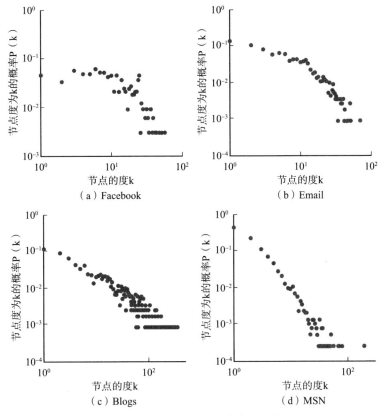

图8-2 复杂社会网络节点度分布

8.4.3 测量指标

为了验证本章所提正面信息调控效果极大化模型的有效性，通过将考虑局部相对强度的多个初始重要传播者选取 LRS 算法与度数中心性、核数中心性、Single Discount 启发式算法、Degree Discount 启发式算法进行比较，对比如下三个测量指标进行分析。

（1）正面信息最终扩散规模 FR。为比较不同多个初始重要传播者选取方法的效果，引入正面信息最终扩散规模函数 FR 进行分析，即系统达到稳定状态下，传播者全部转变为免疫者时，免疫者人数在整个复杂社会网络中所占的比例如式（8－10）所示。

$$FR = \frac{N_R}{N} \tag{8-10}$$

其中，N_R 表示系统稳定状态下的免疫者人数，N 表示复杂社会网络用户节点总数。

（2）正面信息传播效率 F(t)。验证多个初始重要传播者选取方法的有效性，不仅应分析最终效果如何，还应分析算法运行效率。因此，引入函数 F(t) 分析受影响人数随时间的变化情况，如式（8－11）所示。

$$F(t) = \frac{N_I(t) + N_R(t)}{N} \tag{8-11}$$

其中，受影响人数同时包括 I 状态和 R 状态两种用户，用 $N_I(t)$ 表示 t 时刻传播者数量，$N_R(t)$ 表示 t 时刻免疫者数量。

（3）多个初始重要传播者平均最短距离。由于选择多个初始重要传播者时，不同传播者影响范围可能出现重合现象，进而导致资源浪费。因此，多个初始重要传播者之间的彼此分散性也应成为验证算法有效性的重要指标。本章引入平均最短距离函数 ASP_S 对比分析不同选取方法的效果：

$$ASP_S = \frac{1}{|S|(|S|-1)} \sum_{\substack{i,j \in S \\ i \neq j}} d_{i,j} \tag{8-12}$$

其中，|S| 表示初始重要传播者集合 S 中的用户节点数量，$d_{i,j}$ 表示集合 S 中用户节点 i 和用户节点 j 之间的最短距离。特别地，如果用户节点 i 与用户节点 j 之间没有路径，将 $d_{i,j}$ 设置为远大于其他节点间最短距离最大值的数值，如 $d_{i,j} = N$。

8.4.4　结果分析

根据上文所述，本节分别采用度数中心性、核数中心性、Single Discount 启发式算法、Degree Discount 启发式算法以及本章提出的 LRS 算法选取多个初始重要传播者，通过在 4 个不同复杂社会网络中运行正面信息传播模型，对比分析不同算法的效果。简单起见，如下所有传播过程中均设置参数 $\mu = 1$。为了避免随机性，所有结果均为独立重复运行 50 次后的平均值。

图 8 - 3 显示了初始重要传播者人数不同时，采用 5 种不同方法分别设置初始重要传播者后，正面信息最终扩散规模的变化情况。其中，图 8 - 3（a）至图 8 - 3（d）分别为 Facebook、Email、Blogs、MSN 复杂社会网络正面信息最终扩散规模变化情况。由于传播概率较大时，无论选择哪些用户节点作为初始重要传播者，正面信息均会因其自身较高的吸引力而受到大量网络用户的关注并进行传播，使得初始重要传播者的作用逐渐减弱。因此，为了充分反映不同初始重要传播者的影响力，设置不同复杂社会网络正面信息传播概率大于各网络中的传播阈值，即（a）β = 0.05，（b）β = 0.06，（c）β = 0.02，（d）β = 0.08。

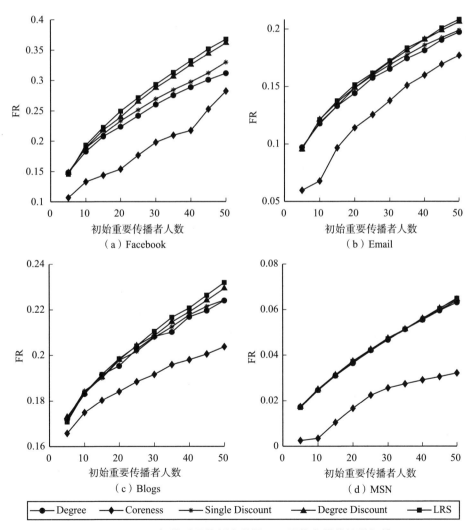

图 8 - 3　不同初始重要传播者数量下正面信息最终扩散规模

　　从图 8 - 3 中可以看出，随着初始重要传播者人数增多，正面信息最终扩散规模逐渐扩大。同时，与度数中心性、核数中心性、Single Discount 启发式算法、Degree Discount 启发式算法相比，采用考虑局部相对强度的 LRS 算法选取的多个初始重要传播者传播能力最大，正面信息最终扩散规模最广。此外，对比图 8 - 3 的 4 个子图可以发现，在 Facebook 复杂社会网络中，采用考虑局部相对强度的 LRS 算法选取多个初始重要传播者传播正面信息时，最终扩散范围与其他选取方法相比差距最大，优势最明显，而在 MSN 复杂社会网络中则相差不大，优势略小。这是因为 4 个复杂社会网络中，用户节点规模不同，同样数量的初始重要传播者在不同复杂社会网络中所占比例存在显著差异。例如，Facebook 复杂社会网络数据集中仅有 334 个用户节点，当选择 50 个用户节点作为初始传播者时，在整个复杂社会网络中占比约为 15%，而 MSN 复杂社会网络数据集拥有 3 982 个用户节点，用户规模约为 Facebook 复杂社会网络数据集的 12 倍，选择相同数量的 50 个初始重要传播者时，初始传播者规模在整个复杂社会网络中的占比仅约为 1%。然而，当初始重要传播者在各复杂社会网络中所占比例相同时，如均为 1%，对比图 8 - 3 的 4 个子图可以发现，同其他初始重要传播者选取方法相比，考虑局部相对强度的 LRS 算法在不同复杂社会网络中的效果相仿。由此可知，政府等有关机构若想在不同复杂社会网络中取得相似的正面信息扩散与调控效果，应根据不同复杂社会网络规模选择对应数量的初始重要传播者传播正面信息。此外，从图 8 - 3 中还可看出，初始重要传播者人数越多，考虑局部相对强度的 LRS 选取算法效果越好。这一结果启示政府等有关部门，复杂社会网络用户规模越大，选取的多个初始重要传播者人数越多，越应在用户影响他人能力与受他人影响程度，以及正面信息吸引力与复杂社会网络用户关系结构等多重维度做好权衡。

　　图 8 - 4 显示了 4 个复杂社会网络中，采用 5 种不同方法选取多个初始重要传播者传播正面信息时，受影响人数随时间的变化情况。其中，图 8 - 4 中的四张图分别为 Facebook、Email、Blogs、MSN 复杂社会网络正面信息受影响人数动态变化的情况。与图 8 - 3 类似，这里同样设置不同复杂社会网络正面信息传播概率大于各网络中的传播阈值，即（a）$\beta = 0.05$，（b）$\beta = 0.06$，（c）$\beta = 0.02$，（d）$\beta = 0.08$。各复杂社会网络初始重要传播者人数均为 50 人。

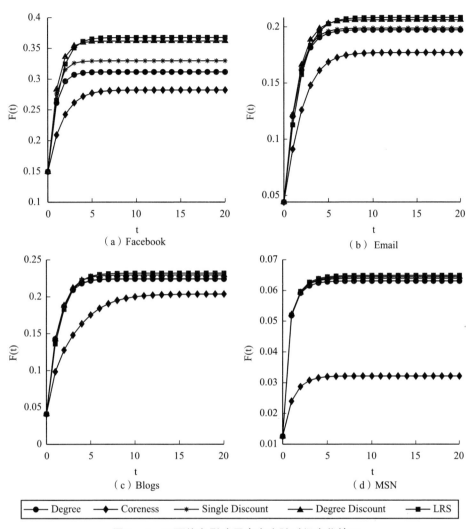

图 8 - 4　正面信息影响用户密度随时间变化情况

从图 8 - 4 中可以看出，同其他多个初始重要传播者选取方法相比，考虑局部相对强度的 LRS 算法选取的多个初始重要传播者能够以最快的速度将正面信息传播到最广泛的范围内。特别地，从图 8 - 4（a）可以看出，在 Facebook 复杂社会网络中，采用 Single Discount 启发式算法、Degree Discount 启发式算法、考虑局部相对强度的 LRS 算法选取的多个初始重要传播者传播正面信息时，各时刻受影响人数明显多于采用度数中心性、核数中心性选取的多个初始重要传播者传播正面信息时的受影响人数。此外，结合图 8 - 3 和图 8 - 4 可以看出，由于核数中心性方法赋予复杂社会网络很多用户节点相同的核数值, 而整个复杂社会网络分层较少, 使得同一分层复杂社会网络用户节点数量众多, 且众多用户节点区分度不高, 核数值较高的几个节点往往相互连接, 因而极易出现多个初始重要传播者影响范围重合的问题, 故在选取多个初始重要传播者时, 核数中心性方法的效果较其他方法略差。

此外, 本节还分析了不同传播概率下, 采用 5 种不同方法分别选取给定数量初始重要传播者时正面信息最终扩散规模的变化情况。如图 8 - 5 所示, (a) - (d) 4 个子图分别显示了 Facebook、Email、Blogs、MSN 复杂社会网络正面信息最终扩散规模随传播概率的变化情况。与图 8 - 4 类似, 这里设置各复杂社会网络初始重要传播者人数均为 50 人。

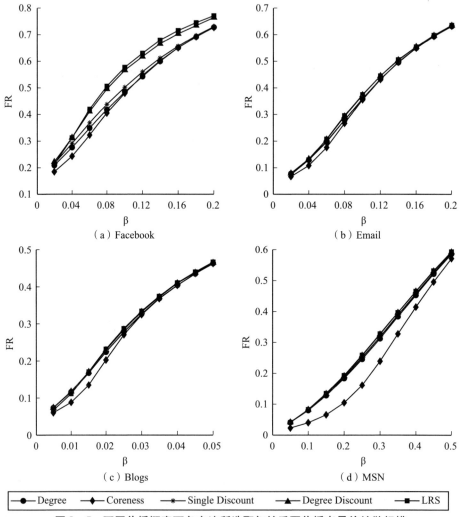

图 8 - 5　不同传播概率下各方法所选取初始重要传播者最终扩散规模

　　从图 8 - 5 可以看出，无论正面信息传播概率为何值，各复杂社会网络中考虑局部相对强度的 LRS 算法选取的多个初始重要传播者总能将正面信息传播到最广泛的范围内。与之不同，度数中心性、核数中心性、Single Discount 启发式算法、Degree Discount 启发式算法在不同复杂社会网络中选取的多个初始重要传播者传播能力大小却有所差异，即可能在某些复杂社会网络中运用该方法选取的多个初始重要传播者传播效果较好，而在其他复杂社会网络中的表现则不尽如人意。事实上，当正面信息传播概率较大时，无论选择哪些用户节点作为初始重要传播者，均会有很大比例用户因被正面信息内容所吸引而进行传播。特别地，根据 8.2 节的分析可知，当采用度数中心性、核数中心性、Single Discount 启发式算法选取多个初始重要传播者时，与传播概率值大小无关。换句话说，采用这三种方法选取多个初始重要传播者时，正面信息最终扩散规模的增大主要取决于传播概率的增大，且不同复杂社会网络正面信息最终扩散规模变化幅度的差异也主要在于不同复杂社会网络拓扑结构的差异。然而，对考虑局部相对强度的 LRS 算法与 Degree Discount 启发式算法来说，多个初始重要传播者选取与正面信息最终扩散规模均会受到正面信息传播概率的影响。此外，由于考虑局部相对强度的 LRS 算法分析了相邻用户节点之间的差异性，因而同 Degree Discount 启发式算法相比，LRS 算法效果更好。

　　进一步地，为比较不同选取方法所选择的多个初始重要传播者传播范围的覆盖率，本节还分析了所选择的多个初始重要传播者之间的平均最短距离 ASP_s。如图 8 - 6 所示，以 Email、Blogs 两个真实复杂社会网络为例，分别分析不同初始重要传播者选取规模和不同传播概率下，所选择传播者之间的平均最短距离变化情况。与图 8 - 3、图 8 - 5 类似，设置图 8 - 6（a）和图 8 - 6（b）中传播概率刚刚大于 Email、Blogs 网络中的传播阈值，即令图 8 - 6（a）中 $\beta = 0.06$，图 8 - 6（b）中 $\beta = 0.02$，设置图 8 - 6（c）和图 8 - 6（d）中初始重要传播者人数均为 50 人。

　　从图 8 - 6 中可以看出，无论初始重要传播者选取规模、正面信息传播概率为何值，同度数中心性、核数中心性、Single Discount 启发式算法、Degree Discount 启发式算法相比，采用考虑局部相对强度 LRS 算法选取的多个初始重要传播者之间的平均距离均最大。特别地，为了说明 Email、Blogs 两个真实复杂社会网络中是否存在特殊节点影响平均距离，图 8 - 6（e）和图 8 - 6（f）分别对距离分布进行分析，发现二者均近似服从正态分布。这一结果表明考虑局部相对强度 LRS 算法选取的多个初始重要传播者分散度较大，能够覆盖更广泛的范围，可以有效避免不同传播者影响范围重合问题，充分发挥各初始传

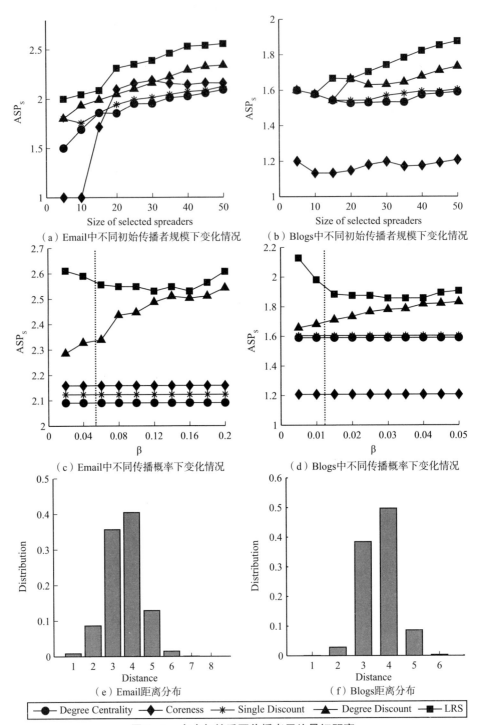

（a）Email中不同初始传播者规模下变化情况　　（b）Blogs中不同初始传播者规模下变化情况

（c）Email中不同传播概率下变化情况　　（d）Blogs中不同传播概率下变化情况

（e）Email距离分布　　（f）Blogs距离分布

●—Degree Centrality　◆—Coreness　∗—Single Discount　▲—Degree Discount　■—LRS

图 8 - 6　多个初始重要传播者平均最短距离

播者的影响能力，进而实现正面信息调控效果极大化。此外，从图 8 - 6（c）和图 8 - 6（d）中还可以发现，传播概率不断增大时，度数中心性、核数中心性、Single Discount 启发式算法所选择的多个初始重要传播者之间平均最短距离保持不变，为一水平直线。这是由于传播概率仅在运用 Degree Discount 启发式算法、考虑局部相对强度 LRS 算法选取多个初始重要传播者时起作用，而对上述 3 种方法无明显影响，使得不同传播概率下，上述三种方法选取的多个初始重要传播者相同。特别地，从图 8 - 6（c）和图 8 - 6（d）中还可以发现，当传播概率 $\beta < \beta_{th}$ 时，运用考虑局部相对强度的 LRS 算法选取的多个初始重要传播者之间的平均最短距离随传播概率的增加逐渐缩短，而当传播概率 $\beta > \beta_{th}$ 时，平均最短距离随传播概率的增加逐渐回升。针对这一现象可以解释如下：当传播概率 β 很小时，考虑局部相对强度下用户节点的影响程度主要取决于局部相对强度值的大小；当传播概率 β 逐渐增大至传播阈值 β_{th} 时，用户节点对相邻节点的影响程度不断增强。然而，当传播概率 $\beta > \beta_{th}$ 时，用户节点没有被相邻传播者影响的概率逐渐减小，进而降低了相邻用户节点同时被选为初始重要传播者的概率，使得所选择初始重要传播者之间的平均最短距离不断增大。由此可见，考虑局部相对强度的 LRS 算法能够在传播概率与网络拓扑结构之间做好权衡。

8.4.5　复杂社会网络正面信息调控引导对策

上述复杂社会网络实证分析结果表明，采用 LRS 算法选择的多个初始重要传播者影响范围最大。当正面信息吸引力较小时，采用考虑局部相对强度的 LRS 算法选取多个初始重要传播者，可以在较短时间内将正面信息传播给尽可能多的用户。同时，LRS 算法选取的多个初始重要传播者最为分散，可有效避免多个传播者影响范围重合问题。特别地，LRS 算法还可根据正面信息吸引力灵活调整多个初始重要传播者的选取策略。因此，为实现正面信息调控效果极大化提出如下对策。

（1）政府等有关机构应根据不同复杂社会网络规模选择对应数量的初始重要传播者传播正面信息。初始重要传播者人数越多，正面信息最终扩散规模越大。若政府、企业等有关机构欲在不同复杂社会网络中取得相似的正面信息扩散效果，应根据不同复杂社会网络规模调整初始重要传播者数量。

（2）政府、企业等选取多个初始重要传播者时，应在用户影响他人能力与受他人影响程度以及正面信息吸引力与复杂社会网络用户关系结构等多重维度做好权衡。特别是当复杂社会网络用户规模庞大且选取的初始重要传播者人数众多时，应尽可能使各初始重要传播者彼此分散，进而有效避免传播范围重合的问题。

（3）当正面信息吸引力很低时，应充分运用 LRS 算法选取多个初始重要传播者以实现正面信息调控效果极大化。例如，当复杂社会网络空间所传播信息阐述的内容涉及贫富差距等社会问题时，受"罗宾汉情结"影响，网民往往一边倒站在弱势群体一方，而政府所发布的正面信息一时却较难被广大复杂社会网络用户接受，此时采用 LRS 算法选取多个初始重要传播者传播正面信息可以取得较好的传播效果。

（4）政府、企业等应根据正面信息吸引力灵活调整初始重要传播者选取策略，实现正面信息调控效果极大化。政府、企业等应时刻关注现实情境的动态变化情况，根据正面信息对复杂社会网络用户吸引力灵活选择初始重要传播者，使正面信息快速传播。

8.5　本章小结

本章同时考虑已被选为初始重要传播者对相邻尚未选为初始重要传播者节点影响力的削弱效应，以及用户节点因对相邻节点较为重要而使得自身影响力潜在加强的强化效应，提出了考虑局部相对强度的 LRS 多个初始重要传播者选取算法，并在 Facebook、Email、Blogs、MSN 真实复杂社会网络评估算法性能。结果表明，采用 LRS 算法选择的多个初始重要传播者影响范围最大。当正面信息吸引力较小时，LRS 算法能以最快的速度传播给尽可能多的复杂社会网络用户。同时，LRS 算法选取的多个初始重要传播者最为分散，可有效避免多个传播者影响范围重合的问题。特别地，LRS 算法还可根据正面信息吸引力灵活调整多个初始重要传播者的选取策略，以实现正面信息调控效果极大化。

第9章 复杂社会网络信息传播突变调控引导策略

智能化时代，信息技术的迅猛发展和网络空间的持续扩张使得信息传播速度与规模达到了空前水平。传统的信息传播应对策略在面对网络群体集聚所引发的大规模信息涌现与扩散时已显得力不从心。为此，应深入挖掘和利用开源大数据所蕴含的丰富信息，洞察人心本质，理解公众的真实想法和需求，从而更精准地把握信息传播的方向和节奏。同时，还应构建线上线下跨时空联动的协同治理机制，形成全方位、多层次的信息传播治理体系，变被动应对为主动引导，提高舆论危机的应对能力，降低舆论危机风险，营造清朗的网络生态环境。

9.1 刚柔并济，循环处理开源大数据削弱信息突变冲击强度

（1）循环处理开源大数据，精准发布权威信息，避免公众非理性情绪扩散。面对复杂社会网络海量信息的大规模扩散突变，政府等有关部门应积极采取有效措施，快速控制网络信息传播方向。首先，应及时采集、整理和分析海量网络信息，实现复杂社会网络空间开源大数据的循环处理，以便更好地了解公众关注的动态和趋势，及时发现并应对潜在问题和风险，避免公众因信息不对称而肆意加工扭曲信息，借机夸大宣泄不满情绪，从而引发舆论风波。其次，综合运用定量与定性分析工具，对事件结果进行深入剖析与反思，评估处理流程的实际效用。在充分理解公众根本需求的基础上，对处理流程进行必要的调整，并进一步检查是否达到了预期目标。最后，根据评估结果，对处理流程进行再次优化，不断提升数据处理的效率和质量，从而为政府部门的决策和行动提供可靠的参考依据。此外，政府等相关部门还应结合数字可视化工具动

态实时观测网络舆情，对网络信息事件进行全面分析，梳理网络信息事件的发展脉络，从而更有针对性地制定应对策略。

（2）坚持法治思维，果断处理触碰底线、红线行为，扭转被动局面。针对复杂社会网络空间谣言四起、借灾诈骗等问题，政府等有关部门应坚持法治原则，从根部有效控制违法事件的发生。首先，政府等相关部门应不断优化和完善网络空间信息传播相关法律法规体系，增强互联网相关法律法规的可操作性。其次，公安机关要充分践行现有制度的基本内容，让普通大众认识到政府部门以事实为依据、以法律为准绳、严格维护网络生态的决心。最后，要扩大相关法律法规的普及范围，提高公众自身的网络道德水平和法律意识，有效避免虚假信息肆意传播，降低复杂社会网络信息传播突变爆发的次生衍生风险。

（3）融合柔性治理策略，调节公众情感认知，挤压负面信息空间。在面对复杂社会网络空间中信息的大规模传播和扩散时，各地政府部门应积极采取措施来维护公众心理健康和社会和谐稳定。一方面，要优化舆情监测与预警机制，确保能够迅速识别并妥善处理涌现的负面舆情信息。同时，建立有效的信息传播机制，保证相关报道及时发布，调节复杂社会网络空间公众情感认知，缩小负面信息的影响范围。另一方面，各地政府部门应实时研判受影响群众各阶段的心理变化，开通心理辅导热线，提供具有较强专业性和针对性的心理辅导，因时因势调整心理服务工作的着力点，维护公众心理健康，促进社会和谐稳定。

9.2　立足"四心"，O2O跨时空联动引导信息传播态势

（1）强化显政，增强信心，以"文字＋图集＋视频"的形式引导复杂社会网络空间各阶段的信息传播走势。在网络空间信息传播发生突变的情况下，政府及有关部门需采取及时有效的措施，维护信息传播秩序。首先，应保障公众的知情权和安全感，适时、准确地发布党中央、国务院重大决策部署以及各地区各部门的举措等可公开内容，使得公众能够及时、全面地了解政府的最新应对策略、工作进展与未来规划，从而稳定公众情绪，使公众更加理性地应对当前的局势，减少恐慌，避免焦虑情绪蔓延。其次，应当积极深挖信息传播背后隐藏的社会问题，通过分析研究找到解决问题的有效途径和措施，从根本上阻断谣言和不实信息的产生与传播，切实维护社会稳定和秩序。再次，政府也应积极反思当前工作的不足之处，审视自身在信息治理方面存在的漏洞与短

板，通过不断改进，更好地适应信息传播新形势，提升信息治理水平和效率。最后，可以将线上舆情引导与线下社会问题应对有机融合，实现线上舆情引导与线下社会问题应对的 O2O 跨时空联动治理，从而更加高效地应对复杂社会网络空间信息传播突变所带来的挑战，实现跨时空信息治理与社会管理，为社会和谐稳定注入源源不断的动力。

（2）关注民情，温暖人心，以动人故事为复杂社会网络空间信息传播引导注入暖色调。在复杂社会网络空间信息传播的潮流中，政府必须坚持以公众为主体的原则，以公众需求为导向，以公众满意为标准。首先，通过加强民生保障等系列利民行动和正面宣传报道回应社会关切，尤其是将民生保障等利民行动置于核心位置，让公众切实感受到政府的关心和关怀，从而提升人文关怀温度，增强社会凝聚力和向心力。其次，政府应当通过正面宣传报道，传递真实、客观、公正的信息，引导公众形成端正、积极的价值观。同时，政府还可以通过宣传报道展示民生保障等领域的成果和进步，让公众更加了解政府的工作和付出。最后，政府也应当深挖时代先进事迹，捕捉感人瞬间与动人画面，打造一系列精品力作并进行宣传推广，唤起社会精神与情感共鸣。通过讴歌英雄人物的感人事迹温暖人心，激发公众价值认同，在感动公众的同时激发其自身的正能量，使其自觉主动为营造积极向上的复杂社会网络空间传播氛围贡献力量。

（3）直抵热点，凝聚民心，多主体多渠道打好信息传播引导组合拳。面对复杂网络信息传播突变、热点事件阶段性涌现的多元化热点问题，政府应勇于面对，不回避、不拖延。首先，应积极联合各领域专家学者，以客观事实与科学理论为依据，借助全媒体等多种渠道及时、准确地回应公众关切，通过科学、客观的信息发布和引导，帮助公众更好地理解事件的真相，避免不良舆论导向和信息误解引发的问题。同时，鼓励公众以理性的态度看待各类事件和社会问题，不信谣不传谣，减少不必要的恐慌和焦虑情绪，保持社会稳定与秩序。其次，政府应当以客观、科学的态度回应公众关切，充分展现党和国家应对各类事件和解决社会问题的能力，增强公众对党和国家的信任，提升政府的公信力和权威性，从而更好地引导复杂社会网络信息传播，维护社会和谐与稳定。最后，政府还应打好复杂社会网络空间信息传播的引导组合拳，有效引导复杂社会网络空间信息传播，形成良好的社会舆论氛围，凝聚社会共识，促进社会的发展和进步。

（4）对接海外，共筑同心，多声部发出中国主流舆论立体化最强音。智能化时代，以社交机器人为代表的计算宣传手段逐渐崭露头角，日渐成为国际舆论战的新利器，国际舆论生态环境将更加错综复杂。尤其在复杂社会网络信息传播突变下，社交机器人凭借其算法优势，突破了传统媒介工具属性渗透到各社交平台中，成为可通过算法自动发布大量虚假信息并与人类互动的行为主体，致使网络空间信息传播结构发生系统性变化。为此，首先，应加大对外宣传报道力度，以生动形象的方式向世界讲述中国故事，展示中国文化、发展成就、人民生活等，让国际社会更全面地了解中国，减少对中国的误解和偏见。其次，应鼓励国内各行业的专家学者、华人华侨以及海外友好人士通过各种渠道在国际舆论平台积极发声，共同塑造和传播真实、立体、全面的中国形象，增强中国在国际舆论中的话语权和影响力。最后，中国还应加强国际合作，与其他国家共同应对虚假信息传播的挑战。通过国际合作机制共享情报、协调行动，共同打击网络空间中的虚假信息和谣言，维护国际社会的信息安全和稳定。

9.3 耦合治理，多元主体组建跨界联盟 合力引导信息传播

（1）借力媒体"扬声器"，有效引导复杂社会网络空间主流传播方向。首先，政府应设立专题网页作为政府与公众的沟通平台，提供准确、真实的信息，解答公众关注的问题，并及时更新相关政策和措施。同时，政府还应指定专门的新闻发言人，负责向媒体和公众发布正式声明，回答疑问，并代表政府表达决策意图和态度，以高效引领复杂社会网络空间信息传播导向。其次，鼓励媒体优化各环节运作，注重制作传播正能量的短视频等优质产品，并根据不同受众的浏览偏好进行精细化整合，秉持客观公正、全面兼顾的原则，在确保报道的准确性和可信度、严格遵守新闻伦理规范、杜绝虚假信息和谣言传播的前提下，呈现准确、权威的个性化和多样化的信息。最后，政府应在相互尊重的基础上加强与媒体的沟通与合作，及时向媒体提供权威数据和信息，确保公众能够获得可靠的消息，通过共同努力塑造一个可靠、透明的信息传播环境。

（2）携手智库"参谋团"，有效引导公众理性对待复杂社会网络信息传播突变问题。由于突发事件等的发生往往会刺激复杂社会网络空间信息大规模传播扩散，因此，政府应采取积极的措施，组织开展防灾、减灾、救灾专题咨政研讨活动，以确保及时准确地向公众传递重要信息，指导应对措施。首先，应广泛征求各领域专家学者的决策咨询意见，借助他们所拥有的丰富经验和专业

知识，结合实际情况制定相应的预案和措施。其次，通过邀请权威专家进行事件解读、发表评论员文章等方式，将权威专家的声音传递给更广泛的受众，提升权威信息传播的实际效果，帮助公众更好地理解事件的原因、影响和应对措施，提高公众的认知水平和应对能力。最后，还可以举办高层论坛，邀请政府官员、专家学者和业界领袖就复杂社会网络信息传播突变的应对措施进行深入讨论和交流，促进各方的沟通和合作，为政府决策提供更多的参考意见和建议。

（3）掌舵社会公众"风向标"，有效引导复杂社会网络空间草根自治。身处信息爆炸的时代，意见领袖的影响力日渐凸显，在复杂社会网络信息传播中起着"风向标"作用，局部意见在意见领袖的引导下可演化为舆论。因此，重视团结意见领袖，鼓励他们传播正能量信息，已成为维护社会稳定和促进良好信息生态环境的关键举措。首先，应积极与意见领袖合作，共同致力于传播积极正能量。通过建立良好的合作关系，鼓励他们发挥影响力，推动复杂社会网络空间信息向更加积极的方向传播发展。其次，应关注官方网站、微博、微信等平台信息的转发评论动态，通过答疑解惑实现与公众的双向互动，提升公众对信息的理解和认知能力，增强公众的参与感和信任感，营造良好的信息生态环境。最后，应倡导普通大众提升自身的科学素养，增强辨别是非的能力，使公众自觉抵制虚假有害信息，实现复杂社会网络空间的草根自治。

（4）增强驻外媒体话语权，聚力打造高国际影响力外宣旗舰平台。面对日趋复杂的国际舆论场，中国驻外媒体机构担负着提升国际话语权的重要使命。一方面，应灵活运用多样化的形式及时向全球传递真实、准确的中国声音，全面展现中国故事。另一方面，坚持开放透明的原则，积极参与国际对话，为国际合作与交流提供强有力的支撑。在面对国际舆论场中出现的谬误言论时，秉承客观公正、务实理性的准则，坚定立场，第一时间澄清事实真相，回应国际社会的关注与疑虑，打造中国对外宣传旗舰平台，有效引导国际舆论走势，促进不同文明的交流与互鉴，共筑人类文明精神堡垒。

9.4　本章小结

在移动互联网快速发展的时代背景下，面对复杂社会网络空间信息扩散和突变的多元挑战，政府及相关部门需采取积极主动的应对措施，包括但不限于深入挖掘并循环利用开源大数据，以增进对网络空间中各类信息的理解和应对能力；实施 O2O 跨时空联动策略，积极引导并组建多元主体参与的跨界耦合治理联盟，实现从被动应对到主动引导的转变；不断强化信心、温暖人心、凝聚民心、筑牢同心，以形成社会共识。此外，政府应高度警惕国际舆论中的政治风险，积极营造国内外清朗的信息生态环境，阻断不良信息的传播，塑造大国正面形象，增强公信力。通过展示真实、积极、负责任的形象，赢得国际社会的认可和尊重，全面打赢复杂社会网络空间信息传播引导治理的攻坚战。

结　　论

移动互联网时代，复杂社会网络信息传播展现出惊人的速度和广度，不断塑造和影响着公众的认知和行为。特别是当社会系统处于临界状态时，复杂社会网络空间信息迅速大规模扩散突变极易导致系统灾变和崩溃，挑战政府的治理与控制能力，给国家安全、社会稳定与和谐发展带来巨大危害。本著作综合运用社会网络分析、传播动力学建模等跨学科研究方法，围绕信息生态系统中信息环境、信息主体、信息内容3个主要因子，构建了外在事件驱动、公众风险感知交叉演变、异质信息非对称强化下的复杂社会网络信息传播突变模型，并考虑政府等有关部门同步调控与异步调控两种情形，构建了超级传播机制与时变效应影响下的复杂社会网络信息传播突变调控模型，提出调控效果极大化方法与协同调控路径，搭建复杂社会网络信息传播突变与调控研究基本框架与理论体系，并为营造风清气正的网络空间信息传播生态环境、提升政府公信力以及国家互联网形象提供理论指导。

本著作的主要结论如下。

（1）复杂社会网络信息传播突变过程受到外在事件、公众风险感知交叉演变、异质信息非对称强化等信息生态系统"环境—主体—内容"3个因子的组合影响。首先，事件驱动的复杂社会网络信息传播过程呈现辐射性裂变、情绪化振荡、记忆性唤醒、多类型表达等突变态势，事件强度巨大易催生复杂舆论场，事件时间紧迫易加剧公众情感波动，事件空间扩散易促使危机升级。其次，公众风险感知异质性越小且受关联事件影响越大，网络空间信息最终扩散规模及产生的影响越大。事件恶化将促使交叉演变向高度风险感知倾斜，加剧信息传播突变；事件好转将促使交叉演变向低度风险感知倾斜，有助于控制信息大规模扩散。最后，正向强化可促使信息在较短时间内迅速扩散到更广泛的范围，而负向强化可有效降低复杂社会网络信息的最终传播规模，削弱信息传播突变产生的最大影响，同时还可减缓网络空间信息传播速度。特别地，受用户从众心理、宁信心理、求异心理等复杂因素的影响，一旦代表对立观点的强化效用增大，用户会产生接受异己观点的行为倾向。

（2）复杂社会网络超级传播机制、调控滞后性与信息时效性等是影响信息传播突变调控过程的重要因素。一方面，同步调控情形下，超级传播机制对谣言等负面信息的影响大于对权威信息等正面信息的影响。当超级传播机制仅对负面信息产生影响时，负面信息最终扩散规模将呈现爆发性增长。政府等有关部门要注重提高正面信息的吸引力，促使更多网民积极传播正面信息，尽可能减弱负面信息突变的恶劣影响。另一方面，异步调控情形下，权威机构等有关部门越早发布具有吸引力的真相，负面信息影响越小，且相比于同质网络，异质网络更易于信息传播扩散。此外，要有效降低复杂社会网络信息传播突变产生的负面影响，还需要不断提高个体的自我控制能力和自我辨别能力。

（3）采用考虑局部相对强度的 LRS 算法选取多个初始重要传播者能够较好地实现复杂社会网络信息传播突变调控效果极大化。Facebook、Email、Blogs、MSN 真实复杂社会网络分析结果表明，LRS 算法可在节点影响他人能力和受他人影响程度之间进行良好折中。当正面信息吸引力较小时，LRS 选取的多个初始重要传播者能以最快速度将正面信息传播给尽可能多且分散的用户，有效避免了不同传播者影响范围的重合问题。特别地，与度数中心性、核数中心性、Single Discount 启发式算法不同，LRS 算法可以根据正面信息吸引力灵活调整策略，选取多个初始重要传播者实现正面信息调控效果极大化。

本著作的主要创新点表现在以下 3 个方面。

（1）构建了"环境—主体—内容"多要素多重扰动的复杂社会网络信息传播突变模型。突破现有研究聚焦信息生态系统各要素同一性假设的研究局限，分别围绕信息环境因子、信息主体因子、信息内容因子剖析多要素对复杂社会网络信息传播突变过程产生的多重复杂扰动影响，构建事件"强度—时间—空间"并行驱动、公众风险感知交叉演变、异质信息非对称强化影响下的信息传播突变动力学模型，揭示复杂社会网络信息传播突变规律。

（2）构建了考虑公众—官方行为异质性的复杂社会网络信息传播突变调控模型。破解现有同一化粗略假设难以精准刻画复杂社会网络信息传播突变调控过程中公众与官方行为差异性等现实情境难题，分别考虑超级传播机制与时变效应对信息传播突变调控过程的动态影响，构建同步调控与异步调控动力学模型，剖析超级传播机制与时变效应对复杂社会网络信息传播突变调控效果的影响。

（3）设计考虑局部相对强度的复杂社会网络正面权威信息影响最大化算

法。分析相邻节点的差异性，提出考虑局部相对强度的多个初始重要传播者 LRS 选取方法，合理权衡复杂社会网络用户影响力与受他人影响程度，以及信息吸引力与复杂社会网络拓扑结构之间的关系，进而实现复杂社会网络正面权威信息影响最大化。

参 考 文 献

［1］安璐，惠秋悦．热点事件情境下微博舆情反转预测［J］．信息资源管理学报，2022，12（3）．

［2］安璐，吴林．融合主题与情感特征的突发事件微博舆情演化分析［J］．图书情报工作，2017，61（15）．

［3］白志华．新媒体时代的网络舆情风险治理——以社会燃烧理论为分析框架［J］．河南社会科学，2022，30（4）．

［4］曹丽娜，唐锡晋．基于主题模型的BBS话题演化趋势分析［J］．管理科学学报，2014，17（11）．

［5］曹武军，陈秦秀，薛朝改．重大疫情网络舆情防控策略研究［J］．情报杂志，2020，39（10）．

［6］陈福集，翁丽娟．基于系统动力学的移动环境下高校网络舆情应对策略研究［J］．现代情报，2018，38（4）．

［7］程新斌．对重大舆情与突发事件舆论引导研究的分析与对策［J］．西南民族大学学报（人文社会科学版），2022，43（2）．

［8］迟钰雪，刘怡君．基于超网络的线上线下舆情演化模型研究［J］．系统工程理论与实践，2019，39（1）．

［9］狄国强，曾华艺，勒中坚，等．网络舆情事件的系统动力学模型与仿真［J］．情报杂志，2012，31（8）．

［10］杜洪涛，王君泽，李婕．基于多案例的突发事件网络舆情演化模式研究［J］．情报学报，2017，36（10）．

［11］樊超，郭进利，韩筱璞，等．人类行为动力学研究综述［J］．复杂系统与复杂性科学，2011，8（2）．

［12］冯兰萍，严雪，程铁军．重大突发事件微博舆情演化分析——以"天津大爆炸事故"为例［J］．竞争情报，2021，17（3）．

［13］郭博，赵隽瑞，孙宇．社会化问答社区用户行为统计特性及其动力学分析：以知乎网为例［J］．数据分析与知识发现，2018，2（4）．

[14] 洪巍, 史敏, 洪小娟, 等. 食品安全网络舆情中网民微博转发行为影响因素研究——以上海福喜事件为例 [J]. 中国人口·资源与环境, 2016, 26 (5).

[15] 黄传超, 胡斌, 闫钰炜, 等. 网络暴力下突发事件中观点决策与舆情反转 [J]. 管理工程学报, 2019, 33 (1).

[16] 姜景, 张立超, 刘怡君. 基于系统动力学的突发公共事件微博舆论场实证研究 [J]. 系统管理学报, 2016, 25 (5).

[17] 蒋明敏. 突发公共事件网络舆情治理共同体的构建 [J]. 学术界, 2022, 37 (6).

[18] 阚佳倩, 谢家荣, 张海峰. 社会强化效应及连边权重对网络信息传播的影响分析 [J]. 电子科技大学学报, 2014, 43 (1).

[19] 李春龙, 潘海侠, 王华峰. 自适应立方卷积图像插值算法 [J]. 北京航空航天大学学报, 2014, 40 (10).

[20] 李钢, 王聿达. 基于受众画像的新型耦合社交网络谣言传播模型研究 [J]. 现代情报, 2020, 40 (1).

[21] 李明德, 邝岩. 大数据与人工智能背景下的网络舆情治理: 作用、风险和路径 [J]. 北京工业大学学报 (社会科学版), 2021, 21 (6).

[22] 李明德, 张玥, 张帆, 等. 疫情科学信息传播内容特征、模式、回应策略及优化路径——基于 10 名科学家相关热门微博的内容分析 [J]. 情报杂志, 2022, 41 (3).

[23] 李明德, 朱妍. 复杂舆论场景中信息内容传播风险研究 [J]. 情报杂志, 2021, 40 (12).

[24] 李仕争, 丁菊玲, 蒋鹏, 等. 移动社交网络谣言演化的系统动力学模型与仿真 [J]. 情报杂志, 2016, 35 (9).

[25] 李艳微, 包磊. 基于融媒体技术的中国话语舆情传播引导机制研究 [J]. 情报科学, 2022, 43 (11).

[26] 廖列法, 孟祥茂, 吴晓燕, 等. 微信社交网络上 CASR 谣言传播模型研究 [J]. 小型微型计算机系统, 2016, 37 (1).

[27] 刘东, 刘军. 事件系统理论原理及其在管理科研与实践中的应用分析 [J]. 管理学季刊, 2017, 2 (2).

[28] 刘栋, 赵婧, 聂豪. 传播源估计中有效观察点部署策略研究 [J]. 中文信息学报, 2018, 32 (8).

[29] 刘飞, 王浩, 许小可. 社交媒体中表情符号的使用行为及成因分析

[J].复杂系统与复杂性科学，2020，17（3）.

[30] 刘建国，任卓明，郭强，等.复杂网络中节点重要性排序的研究进展 [J].物理学报，2013，62（17）.

[31] 刘璐，张小明.白银景泰"5·22"黄河石林百公里越野赛舆情情感分析：基于新浪微博的研究 [J].中国应急管理科学，2022，7（2）.

[32] 刘泉，荣莉莉，于凯.考虑多层邻居节点影响的微博网络舆论演化模型 [J].系统工程学报，2017，32（6）.

[33] 刘亚州，王静，潘晓中，等.节点影响力下无标度网络谣言传播研究 [J].小型微型计算机系统，2018，39（11）.

[34] 刘咏梅，彭琳，赵振军.基于 Lotka-Volterra 的微博谣言事件演进分析 [J].情报杂志，2013，32（11）.

[35] 马宁，刘怡君.基于超网络的舆情演化多主体建模 [J].系统管理学报，2015，24（6）.

[36] 裴江南，葛一迪.社交媒体情绪对信息行为的影响：基于两类灾害事件的比较研究 [J].管理科学，2020，33（1）.

[37] 任昌辉，巢乃鹏.我国政府网络舆情综合治理创新路径研究：基于治理工具论的分析视角 [J].电子政务，2021，18（6）.

[38] 任立肖，张亮，张春莉.无标度网络机制下网络舆情传播演化规律分析 [J].现代情报，2014，34（2）.

[39] 荣婷，张爽.人工智能时代网络舆情新特征与新治理 [J].传媒，2022，24（8）.

[40] 阮文奇，张舒宁，李勇泉.自然灾害事件下景区风险管理：危机信息流扩散与旅游流响应 [J].南开管理评论，2020，23（2）.

[41] 邵玉，陈崚，刘维.独立级联模型下基于最大似然的负影响力源定位方法 [J].计算机科学，2022，49（2）.

[42] 沈洪洲，史俊鹏.基于人类动力学的社会化问答社区优秀贡献者行为研究——以"知乎"为例 [J].情报科学，2019，37（5）.

[43] 师文，陈昌凤.分布与互动模式：社交机器人操纵 Twitter 上的中国议题研究 [J].国际新闻界，2020，42（5）.

[44] 宋欢迎，刘聪，张旭阳.重大突发公共卫生事件政府回应效果影响因素研究——基于2011—2020年我国36起重大突发公共卫生事件的实证分析 [J].情报理论与实践，2022，45（1）.

[45] 苏妍嫄，张亚明，刘海鸥.非传统安全威胁下网络群体集聚舆情传

播治理研究［J］. 情报理论与实践，2021，44（6）.

［46］孙庆川，山石，兰田田. 一个新的信息传播模型及其模拟［J］. 图书情报工作，2010，54（6）.

［47］唐远清，张月月. 从"非对称风险"到"非对称性互惠"：舆情风险治理的新视角［J］. 学术界，2022，37（6）.

［48］滕婕，胡广伟，王婷. 信息共享行为下基于随机微分博弈的辟谣效果预测研究［J］. 情报科学，2022，40（6）.

［49］王超，刘骋远，胡元萍，等. 社交网络中信息传播的稳定性研究［J］. 物理学报，2014，63（18）.

［50］王芳. 新冠疫情事件中对外传播能力提升与舆情引导［J］. 海南大学学报（人文社会科学版），2023，41（4）.

［51］王光辉，刘怡君. 网络舆论危机事件的蔓延扩散效应研究［J］. 中国管理科学，2015，23（7）.

［52］王辉，韩江洪，邓林，等. 基于移动社交网络的谣言传播动力学研究［J］. 物理学报，2013，62（11）.

［53］王家坤，于灏，王新华，等. 基于用户相对权重的在线社交网络舆情传播控制模型［J］. 系统工程理论与实践，2019，39（6）.

［54］王建伟，荣莉莉，郭天柱. 一种基于局部特征的网络节点重要性度量方法［J］. 大连理工大学学报，2010，50（5）.

［55］王金龙，刘方爱，朱振方. 一种基于用户相对权重的在线社交网络信息传播模型［J］. 物理学报，2015，64（5）.

［56］王林平，高宇. 突发事件网络舆情风险演化规律及防控策略［J］. 吉首大学学报（社会科学版），2022，43（4）.

［57］王沛楠，史安斌. "持久危机"下的全球新闻传播新趋势——基于2023年六大热点议题的分析［J］. 新闻记者，2023，41（1）.

［58］王瑞，刘勇，朱敬华，等. 基于用户影响与兴趣的社交网信息传播模型［J］. 通信学报，2017，38（S2）.

［59］王仕勇. 大数据时代的社会舆情治理：何以可能与何以可为［J］. 重庆社会科学，2021，39（12）.

［60］王长春，陈超. 基于复杂网络的谣言传播模型［J］. 系统工程理论与实践，2012，32（1）.

［61］王治莹，李勇建. 政府干预下突发事件舆情传播规律与控制决策［J］. 管理科学学报，2017，20（2）.

［62］魏俊斌．突发事件网络舆情智能治理的 P2DR 法治保障模式构建［J］．情报杂志，2022，41（7）．

［63］吴联仁，李瑾颉，闫强．基于时间异质性的微博信息传播模型［J］．电子科技大学学报，2015，44（5）．

［64］夏志杰，吴忠，王筱莉，等．社会化媒体谣言自净化机制的定量模拟研究［J］．现代情报，2019，39（3）．

［65］汪小帆，李翔，陈关荣．复杂网络理论及其应用［M］．北京：清华大学出版社，2006．

［66］邢鹏飞，李鑫鑫．重大疫情防控中网络舆情形成机制及引导策略研究——基于新冠肺炎疫情期间网络舆情文本的质性分析［J］．情报杂志，2020，39（7）．

［67］徐开彬，徐仁翠．汶川十年：汶川地震的媒介记忆研究［J］．新闻大学，2018，38（6）．

［68］徐艳玲，孙其战．"后真相"语境下网络意识形态的治理困境与破解策略［J］．山东师范大学学报（社会科学版），2021，66（6）．

［69］许向东．新技术在我国舆论场中的应用、影响和治理［J］．人民论坛，2022，31（13）．

［70］闫小勇．人类个体出行行为的统计实证［J］．电子科技大学学报，2011，40（2）．

［71］阎海燕，詹凌云，陈明明，等．基于系统动力学的企业危机事件网络舆情传播与应对研究［J］．系统科学学报，2021，29（1）．

［72］易明，赵锦香，张展豪，等．人类动力学视角下在线社区信息交流行为研究［J］．情报科学，2020，38（8）．

［73］于凯，白西柯，郭煜婕．基于多中心性分析的网络舆情信息源点追溯研究［J］．情报杂志，2022，41（3）．

［74］余乐安，李玲，武佳倩，等．基于系统动力学的危化品水污染突发事件中网络舆情危机应急策略研究［J］．系统工程理论与实践，2015，35（10）．

［75］袁得嵚，高见，叶萌熙，等．基于拓扑扩展的在线社交网络恶意信息源定位算法［J］．计算机科学，2019，46（5）．

［76］张芳，司光亚，罗批．信息传播建模仿真中的心理模型研究［J］．计算机仿真，2013，30（2）．

［77］张磊，王建新．化智为治：人工智能驱动网络意识形态治理现代化

的逻辑进路 [J]. 思想教育研究，2022，34（6）.

[78] 张立凡，唐露，朱恒民，等. 情绪博弈下舆情主体情绪与决策行为互动模型研究 [J]. 情报资料工作，2022，43（2）.

[79] 张思龙，王兰成，娄国哲. 基于知识图谱的网络舆情研判系统研究 [J]. 现代情报，2021，41（4）.

[80] 张锡哲，张聿博，吕天阳，等. 基于子图抽取的在线社交网络多传播源点定位方法 [J]. 中国科学：信息科学，2016，46（4）.

[81] 张新平，金梦涵. 人工智能时代舆情治理的转型与创新 [J]. 情报杂志，2021，40（10）.

[82] 张亚明，唐朝生，李伟钢. 在线社交网络谣言传播兴趣衰减与社会强化机制研究 [J]. 情报学报，2015，34（8）.

[83] 张聿博，张锡哲，徐超，等. 社交网络信息源快速定位方法 [J]. 东北大学学报（自然科学版），2016，37（4）.

[84] 张聿博，张锡哲，张斌. 基于观察点的信息源定位方法的准确率分析 [J]. 东北大学学报（自然科学版），2015，36（3）.

[85] 赵庚升，张宁，周涛. 网页浏览中的标度行为研究 [J]. 统计与决策，2009，25（1）.

[86] 郑满宁，李彪. 舆情治理视域下社交网络中的信息茧房现象与破茧之道 [J]. 西南民族大学学报（人文社会科学版），2022，43（4）.

[87] 钟慧玲，李伟，张冠湘. "邻避" 冲突事件网络舆情演化研究 [J]. 情报杂志，2016，35（3）.

[88] 周涛，韩筱璞，闫小勇，等. 人类行为时空特性的统计力学 [J]. 电子科技大学学报，2013，42（4）.

[89] 朱侯，胡斌. 信息与情绪驱动的舆论演化的 QSIM-ABS 模拟 [J]. 情报学报，2016，35（3）.

[90] 朱霖河，李玲. 基于辟谣机制的时滞谣言传播模型的动力学分析 [J]. 物理学报，2020，69（2）.

[91] Adamic L A, Glance N. The Political Blogosphere and the 2004 US Election: Divided They Blog [C]. Proceedings of the 3rd International Workshop on Link Discovery. ACM, 2005.

[92] Afassinou K. Analysis of the Impact of Education Rate on the Rumor Spreading Mechanism [J]. Physica A: Statistical Mechanics and its Applications, 2014 (414).

［93］ Anthony S. Anxiety and Rumor ［J］. The Journal of Social Psychology, 1973, 89 (1).

［94］ Arino J, Brauer F, Van Den Driessche P, et al. A Final Size Relation for Epidemic Models ［J］. Mathematical Biosciences and Engineering, 2007, 4 (2).

［95］ Aven T, Thekdi S A. On How to Characterize and Confront Misinformation in a Risk Context ［J］. Journal of Risk Research, 2022, 25 (11 – 12).

［96］ Bakshy E, Hofman J M, Mason W A, et al. Everyone's an Influencer: Quantifying Influence on Twitter ［C］. Proceedings of the Fourth ACM International Conference on Web Search and Data Mining. New York City: ACM, 2011.

［97］ Bao Z K, Liu J G, Zhang H F. Identifying Multiple Influential Spreaders by a Heuristic Clustering Algorithm ［J］. Physics Letters A, 2017, 381 (11).

［98］ Barabasi A L. The Origin of Bursts and Heavy Tails in Human Dynamics ［J］. Nature, 2005, 435 (7039).

［99］ Blagus N, Šubelj L, Bajec M. Self-Similar Scaling of Density in Complex Real-World Networks ［J］. Physica A: Statistical Mechanics and its Applications, 2012, 391 (8).

［100］ Bor A, Petersen M B. The Psychology of Online Political Hostility: A Comprehensive, Cross-National Test of the Mismatch Hypothesis ［J］. American Political Science Review, 2022, 116 (1).

［101］ Borge-Holthoefer J, Moreno Y. Absence of Influential Spreaders in Rumor Dynamics ［J］. Physical Review E, 2012, 85 (2).

［102］ Burt R S. The Social Capital of Opinion Leaders ［J］. The Annals of the American Academy of Political and Social Science, 1999, 566 (1).

［103］ Centola D, Macy M. Complex Contagions and the Weakness of Long Ties ［J］. American Journal of Sociology, 2007, 113 (3).

［104］ Centola D. The Spread of Behavior in an Online Social Network Experiment ［J］. Science, 2010, 329 (5996).

［105］ Cha M, Haddadi H, Benevenuto F, et al. Measuring User Influence in Twitter: The Million Follower Fallacy ［C］. Proceedings of the International AAAI Conference on Web and Social Media. 2010, 4 (1).

［106］ Chen A, Ni X, Zhu H, et al. Model of Warning Information Diffusion on Online Social Networks based on Population Dynamics ［J］. Physica A: Statistical

Mechanics and its Applications, 2021 (567).

　　[107] Chen S, Mao J, Li G, et al. Uncovering Sentiment and Retweet Patterns of Disaster-Related Tweets from a Spatiotemporal Perspective-A Case Study of Hurricane Harvey [J]. Telematics and Informatics, 2020 (47).

　　[108] Chen W, Wang Y, Yang S. Efficient Influence Maximization in Social Networks [C]. Proceedings of the 15th ACM SIGKDD International Conference on Knowledge Discovery and Data Mining. New York City: ACM, 2009.

　　[109] Chen X, Zhao S, Li W. Opinion Dynamics Model based on Cognitive Styles: Field-dependence and Field-independence [J]. Complexity, 2019 (1).

　　[110] Cheng C, Luo Y, Yu C. Dynamic Mechanism of Social Bots Interfering with Public Opinion in Network [J]. Physica A: Statistical Mechanics and its Applications, 2020 (551).

　　[111] Cheng J J, Liu Y, Shen B, et al. An Epidemic Model of Rumor Diffusion in Online Social Networks [J]. The European Physical Journal B, 2013, 86 (1).

　　[112] Chin Y C, Park A, Li K. A Comparative Study on False Information Governance in Chinese and American Social Media Platforms [J]. Policy & Internet, 2022, 14 (2).

　　[113] Comin C H, Costa L da F. Identifying the Starting Point of a Spreading Process in Complex Networks [J]. Physical Review E, 2011, 84 (5).

　　[114] Cotter K, Decook J R, Kanthawala S. Fact-Checking the Crisis: COVID-19, Infodemics, and the Platformization of Truth [J]. Social Media + Society, 2022, 8 (1).

　　[115] Daley D J, Kendall D G. Stochastic Rumours [J]. IMA Journal of Applied Mathematics, 1965, 1 (1).

　　[116] Dasborough M T. Awe-Inspiring Advancements in AI: The Impact of ChatGPT on the Field of Organizational Behavior [J]. Journal of Organizational Behavior, 2023, 44 (2).

　　[117] Domingos P, Richardson M. Mining the Network Value of Customers [C]. Proceedings of the Seventh ACM SIGKDD International Conference on Knowledge Discovery and Data Mining. New York City: ACM, 2001.

　　[118] Dong M, Zheng B, Nguyen Q V H, et al. Multiple Rumor Source Detection with Graph Convolutional Networks [C]. Proceedings of the 28th ACM

International Conference on Information and Knowledge Management. New York City: ACM, 2019.

[119] Einwiller S A, Kamins M A. Rumor Has It: The Moderating Effect of Identification on Rumor Impact and the Effectiveness of Rumor Refutation [J]. Journal of Applied Social Psychology, 2008, 38 (9).

[120] Freeman L C. A Set of Measures of Centrality based on Betweenness [J]. Sociometry, 1977, 40 (1).

[121] Fu L, Shen Z, Wang W X, et al. Multi-Source Localization on Complex Networks with Limited Observers [J]. Europhysics Letters, 2016, 113 (1).

[122] Fu P, Jing B, Chen T, et al. Modeling Network Public Opinion Propagation with the Consideration of Individual Emotions [J]. International Journal of Environmental Research and Public Health, 2020, 17 (18).

[123] Gajewski Ł G, Paluch R, Suchecki K, et al. Comparison of Observer based Methods for Source Localisation in Complex Networks [J]. Scientific Reports, 2022, 12 (1).

[124] Galam S, Jacobs F. The Role of Inflexible Minorities in the Breaking of Democratic Opinion Dynamics [J] . Physica A: Statistical Mechanics and its Applications, 2007 (381).

[125] Gao G, Cao J, Bu Z, et al. A Generalized Game Theoretic Framework for Mining Communities in Complex Networks [J]. Expert Systems with Applications, 2018 (96).

[126] Gao G, Wang T, Zheng X, et al. A Systems Dynamics Simulation Study of Network Public Opinion Evolution Mechanism [J] . Journal of Global Information Management, 2019, 27 (4).

[127] Gernat T, Rao V D, Middendorf M, et al. Automated Monitoring of Behavior Reveals Bursty Interaction Patterns and Rapid Spreading Dynamics in Honeybee Social Networks [J]. Proceedings of the National Academy of Sciences, 2018, 115 (7).

[128] Goyal A, Lu W, Lakshmanan L V S. Celf ++ : Optimizing the Greedy Algorithm for Influence Maximization in Social Networks [C]. Proceedings of the 20th International Conference Companion on World Wide Web. New York City: ACM, 2011.

[129] Gu J, Li W, Cai X. The Effect of the Forget-Remember Mechanism on

Spreading [J]. The European Physical Journal B, 2008, 62 (2).

[130] Guimera R, Danon L, Diaz-Guilera A, et al. Self-Similar Community Structure in a Network of Human Interactions [J]. Physical Review E, 2003, 68 (6).

[131] Guo F, Zhou A, Zhang X, et al. Fighting Rumors to Fight COVID-19: Investigating Rumor Belief and Sharing on Social Media During the Pandemic [J]. Computers in Human Behavior, 2023 (139).

[132] Hong W, Han X, Zhou T, et al. Heavy-Tailed Statistics in Short-Message Communication [J]. Chinese Physics Letters, 2009, 26 (2).

[133] Hu Z L, Shen Z, Han J, et al. Localization of Diffusion Sources in Complex Networks: A Maximum-Largest Method [J]. Physica A: Statistical Mechanics and its Applications, 2019 (527).

[134] Huang H, Yan Z, Chen Y, et al. A Social Contagious Model of the Obesity Epidemic [J]. Scientific Reports, 2016, 6 (1).

[135] Huo L, Huang P, Fang X. An Interplay Model for Authorities' Actions and Rumor Spreading in Emergency Event [J]. Physica A: Statistical Mechanics and its Applications, 2011, 390 (20).

[136] Huo L, Lin T, Fan C, et al. Optimal Control of a Rumor Propagation Model with Latent Period in Emergency Event [J]. Advances in Difference Equations, 2015.

[137] Huo L, Chen S, Zhao L. Dynamic Analysis of the Rumor Propagation Model with Consideration of the Wise Man and Social Reinforcement [J]. Physica A: Statistical Mechanics and its Applications, 2021 (571).

[138] Isham V, Kaczmarska J, Nekovee M. Spread of Information and Infection on Finite Random Networks [J]. Physical Review E, 2011, 83 (4).

[139] Jiao Y, Li Y. An Active Opinion Dynamics Model: The Gap Between the Voting Result and Group Opinion [J]. Information Fusion, 2021 (65).

[140] Jin M, Liu F, Zhou C. Rumor Spreading: A Survey [C]. DEStech Transactions on Computer Science and Engineering, 2nd International Conference on Artifical Intelligence and Engineering Applications (AIEA 2017). 2017.

[141] Kan A, Chan J, Hayes C, et al. A Time Decoupling Approach for Studying Forum Dynamics [J]. World Wide Web, 2013 (16).

[142] Karrer B, Newman M E J. Message Passing Approach for General

Epidemic Models [J]. Physical Review E, 2010, 82 (1).

[143] Kawachi K, Seki M, Yoshida H, et al. A Rumor Transmission Model with Various Contact Interactions [J]. Journal of Theoretical Biology, 2008, 253 (1).

[144] Kempe D, Kleinberg J, Tardos É. Maximizing the Spread of Influence through a Social Network [C]. Proceedings of the Ninth ACM SIGKDD International Conference on Knowledge Discovery and Data Mining. New York City: ACM, 2003.

[145] Kermack W O, McKendrick A G. A Contribution to the Mathematical Theory of Epidemics [J]. Proceedings of the Roval Society of London, 1927, 115 (772).

[146] Khaund T, Al-Khateeb S, Tokdemir S, et al. Analyzing Social Bots and Their Coordination during Natural Disasters [C]. Social, Cultural, and Behavioral Modeling: 11th International Conference, SBP-BRiMS 2018, Washington, DC, USA, July 10 – 13, 2018, Proceedings 11. Springer International Publishing, 2018.

[147] Kitsak M, Gallos L K, Havlin S, et al. Identification of Influential Spreaders in Complex Networks [J]. Nature Physics, 2010, 6 (11).

[148] Lee C, Kwak H, Park H, et al. Finding Influentials based on the Temporal Order of Information Adoption in Twitter [C]. Proceedings of the 19th International Conference on World Wide Web. New York City: ACM, 2010.

[149] Lee J, Agrawal M, Rao H R. Message Diffusion through Social Network Service: The Case of Rumor and Non-rumor Related Tweets During Boston Bombing 2013 [J]. Information Systems Frontiers, 2015, 17 (5).

[150] Lerman K, Ghosh R. Information Contagion: An Empirical Study of the Spread of News on Digg and Twitter Social Networks [C]. Proceedings of the International AAAI Conference on Web and Social Media. 2010, 4 (1).

[151] Leskovec J, Krause A, Guestrin C, et al. Cost-Effective Outbreak Detection in Networks [C]. Proceedings of the 13th ACM SIGKDD International Conference on Knowledge Discovery and Data Mining. New York City: ACM, 2007.

[152] Li D, Ma J. How the Government's Punishment and Individual's Sensitivity Affect the Rumor Spreading in Online Social Networks [J]. Physica A: Statistical Mechanics and its Applications, 2017 (469).

[153] Li H J, Wang L. Multi-scale Asynchronous Belief Percolation Model on Multiplex Networks [J]. New Journal of Physics, 2019, 21 (1).

［154］ Li K, Liang H, Kou G, et al. Opinion Dynamics Model based on the Cognitive Dissonance: An Agent-Based Simulation ［J］. Information Fusion, 2020 (56).

［155］ Li L, Fan Y, Zeng A, et al. Binary Opinion Dynamics on Signed Networks based on Ising Model ［J］. Physica A: Statistical Mechanics and its Applications, 2019 (525).

［156］ Lin J H, Guo Q, Dong W Z, et al. Identifying the Node Spreading Influence with Largest K-Core Values ［J］. Physics Letters A, 2014, 378 (45).

［157］ Lippmann W. Public Opinion ［M］. Free Press, 1922.

［158］ Liu C, Zhan X X, Zhang Z K, et al. How Events Determine Spreading Patterns: Information Transmission via Internal and External Influences on Social Networks ［J］. New Journal of Physics, 2015, 17 (11).

［159］ Liu H L, Ma C, Xiang B B, et al. Identifying Multiple Influential Spreaders based on Generalized Closeness Centrality ［J］. Physica A: Statistical Mechanics and its Applications, 2018 (492).

［160］ Liu J G, Lin J H, Guo Q, et al. Locating Influential Nodes via Dynamics-Sensitive Centrality ［J］. Scientific Reports, 2016, 6 (1).

［161］ Liu J G, Ren Z M, Guo Q, et al. Evolution Characteristics of the Network Core in the Facebook ［J］. PLoS One, 2014, 9 (8).

［162］ Liu Y X, Li W M, Yang C, et al. Multi-Source Detection based on Neighborhood Entropy in Social Networks ［J］. Scientific Reports, 2022, 12 (1).

［163］ Louni A, Subbalakshmi K P. Who Spread that Rumor: Finding the Source of Information in Large Online Social Networks with Probabilistically Varying Internode Relationship Strengths ［J］. IEEE Transactions on Computational Social Systems, 2018, 5 (2).

［164］ Lu A, Ling H, Ding Z. How Does the Heterogeneity of Members Affect the Evolution of Group Opinions? ［J］. Discrete Dynamics in Nature and Society, 2021 (1).

［165］ Lu Y, Wang Y, Yu J, et al. Mechanism Analysis of Competitive Information Synchronous Dissemination in Social Networks ［C］. Asia-Pacific Web Conference. Springer International Publishing, 2016.

［166］ Lucatero C R, Jaquez R B. Virus and Warning Spread in Dynamical Networks ［J］. Advances in Complex Systems, 2011, 14 (3).

［167］ Luo W, Tay W P, Leng M. How to Identify an Infection Source with

Limited Observations [J]. IEEE Journal of Selected Topics in Signal Processing, 2014, 8 (4).

[168] Luo W, Tay W P, Leng M. Identifying Infection Sources and Regions in Large Networks [J]. IEEE Transactions on Signal Processing, 2013, 61 (11).

[169] Luo W, Tay W P. Finding an Infection Source under the SIS Model [C]. 2013 IEEE International Conference on Acoustics, Speech, and Signal Processing. New York City: IEEE, 2013.

[170] Luo W, Tay W P. Identifying Infection Sources in Large Tree Networks [C]. 2012 9th Annual IEEE Communications Society Conference on Sensor, Mesh and Ad Hoc Communications and Networks (SECON). New York City: IEEE, 2012.

[171] Lv L, Zhang Y, Yeung C H, et al. Leaders in Social Networks, the Delicious Case [J]. PloS One, 2011, 6 (6).

[172] Lv L, Chen D B, Zhou T. The Small World Yields the Most Effective Information Spreading [J]. New Journal of Physics, 2011, 13 (12).

[173] Maki D P, Thompson M. Mathematical Models and Applications [M]. Prentice-Hall, 1973.

[174] Moreno Y, Nekovee M, Pacheco A F. Dynamics of Rumor Spreading in Complex Networks [J]. Physical Review E, 2004, 69 (6).

[175] Morgeson F P, Mitchell T R, Liu D. Event System Theory: An Event-oriented Approach to the Organizational Sciences [J]. Academy of Management Review, 2015, 40 (4).

[176] Mühlroth C, Grottke M. Artificial Intelligence in Innovation: How to Spot Emerging Trends and Technologies [J]. IEEE Transactions on Engineering Management, 2020, 69 (2).

[177] Nekovee M, Moreno Y, Bianconi G, et al. Theory of Rumour Spreading in Complex Social Networks [J]. Physica A: Statistical Mechanics and its Applications, 2007, 374 (1).

[178] Park P S, Blumenstock J E, Macy M W. The Strength of Long-Range Ties in Population-scale Social Networks [J]. Science, 2018, 362 (6421).

[179] Pascual-Ferrá P, Alperstein N, Barnett D J. Social Network Analysis of COVID-19 Public Discourse on Twitter: Implications for Risk Communication [J]. Disaster Medicine and Public Health Preparedness, 2022, 16 (2).

［180］ Pinto P C, Thiran P, Vetterli M. Locating the Source of Diffusion in Large-Scale Networks ［J］. Physical Review Letters, 2012, 109 (6).

［181］ Prakash B A, Vreeken J, Faloutsos C. Spotting Culprits in Epidemics: How Many and Which Ones? ［C］. 2012 IEEE 12th International Conference on Data Mining. New York City: IEEE, 2012.

［182］ Rapoport A, Rebhun L I. On the Mathematical Theory of Rumor Spread ［J］. The Bulletin of Mathematical Biophysics, 1952, 14 (4).

［183］ Rattana P, Blyuss K B, Eames K T D, et al. A Class of Pairwise Models for Epidemic Dynamics on Weighted Networks ［J］. Bulletin of Mathematical Biology, 2013, 75 (3).

［184］ Ren Z M, Zeng A, Chen D B, et al. Iterative Resource Allocation for Ranking Spreaders in Complex Networks ［J］. Europhysics Letters, 2014, 106 (4).

［185］ Richardson M, Domingos P. Mining Knowledge-Sharing Sites for Viral Marketing ［C］. Proceedings of the Eighth ACM SIGKDD International Conference on Knowledge Discovery and Data Mining. New York City: ACM, 2002.

［186］ Sabidussi G. The Centrality Index of a Graph ［J］. Psychometrika, 1966, 31 (4).

［187］ Santos F C, Rodrigues J F, Pacheco J M. Epidemic Spreading and Cooperation Dynamics on Homogeneous Small-World Networks ［J］. Physical Review E, 2005, 72 (5).

［188］ Shah D, Zaman T. Detecting Sources of Computer Viruses in Networks: Theory and Experiment ［C］. Proceedings of the ACM SIGMETRICS International Conference on Measurement and Modeling of Computer Systems. New York City: ACM, 2010.

［189］ Shang L, Zhao M, Ai J, et al. Opinion Evolution in the Sznajd Model on Interdependent Chains ［J］. Physica A: Statistical Mechanics and its Applications, 2021 (565).

［190］ Shao C, Ciampaglia G L, Varol O, et al. The Spread of Low-Credibility Content by Social Bots ［J］. Nature Communications, 2018, 9 (1).

［191］ Si X, Wang W, Ma Y. Role of Propagation Thresholds in Sentiment-Based Model of Opinion Evolution with Information Diffusion ［J］. Physica A: Statistical Mechanics and its Applications, 2016 (451).

［192］ Slovic P. Perception of Risk ［J］. Science, 1987, 236 (4799).

［193］Song G, Li Y, Chen X, et al. Influential Node Tracking on Dynamic Social Network: An Interchange Greedy Approach ［J］. IEEE Transactions on Knowledge and Data Engineering, 2016, 29 (2).

［194］Song Y, Zhang C, Wu M. The Study of Human Behavior Dynamics based on Blogosphere ［C］. 2010 International Conference on Web Information Systems and Mining. IEEE, 2010 (1).

［195］Sudbury A. The Proportion of the Population Never Hearing a Rumour ［J］. Journal of Applied Probability, 1985, 22 (2).

［196］Sun S, Ge X, Wen X, et al. The Moderation of Human Characteristics in the Control Mechanisms of Rumours in Social Media: The Case of Food Rumours in China ［J］. Frontiers in Psychology, 2022 (12).

［197］Tripathy R M, Bagchi A, Mehta S. A Study of Rumor Control Strategies on Social Networks ［C］. Proceedings of the 19th ACM International Conference on Information and Knowledge Management. New York City: ACM, 2010.

［198］Van Dis E A M, Bollen J, Zuidema W, et al. ChatGPT: Five Priorities for Research ［J］. Nature, 2023, 614 (7947).

［199］Vaughan-Johnston T I, Fowlie D I, Jacobson J A. Facilitating Scientific Communication between Strangers: A Preregistered Lost E-mail Experiment ［J］. Cyberpsychology, Behavior, and Social Networking, 2022, 25 (7).

［200］Vázquez A, Oliveira J G, Dezsö Z, et al. Modeling Bursts and Heavy Tails in Human Dynamics ［J］. Physical Review E, 2006, 73 (3).

［201］Waardenburg L, Huysman M. From Coexistence to Co-Creation: Blurring Boundaries in the Age of AI ［J］. Information and Organization, 2022, 32 (4).

［202］Wang C. Opinion Dynamics with Bilateral Propaganda and Unilateral Information Blockade ［J］. Physica A: Statistical Mechanics and its Applications, 2021 (566).

［203］Wang J, Zhao L, Huang R. SIRaRu Rumor Spreading Model in Complex Networks ［J］. Physica A: Statistical Mechanics and its Applications, 2014 (398).

［204］Wang P, Lei T, Yeung C H, et al. Heterogenous Human Dynamics in Intra-and Inter-day Time Scales ［J］. Europhysics Letters, 2011, 94 (1).

［205］Wang W, Tang M, Zhang H F, et al. Epidemic Spreading on Complex

Networks with General Degree and Weight Distributions [J]. Physical Review E, 2014, 90 (4).

[206] Wang X, Wang X, Hao F, et al. Efficient Coupling Diffusion of Positive and Negative Information in Online Social Networks [J]. IEEE Transactions on Network and Service Management, 2019, 16 (3).

[207] Wang Y, Lu L, Zhou Z, et al. Empathic Narrative of Online Political Communication [J]. Frontiers in Psychology, 2022 (13).

[208] Wang Y, Wu R, Zeng J, et al. Research on the Public Opinion Guidance Mechanism of Major Public Health Incidents [J]. Frontiers in Psychology, 2022 (13).

[209] Wang Y, Wang J, Wang H, et al. Users' Mobility Enhances Information Diffusion in Online Social Networks [J]. Information Sciences, 2021, 546.

[210] Wei J, Meng F. How Opinion Distortion Appears in Super-Influencer Dominated Social Network [J]. Future Generation Computer Systems, 2021 (115).

[211] Wei L, Gong J, Xu J, et al. Do Social Media Literacy Skills Help in Combating Fake News Spread? Modelling the Moderating Role of Social Media Literacy Skills in the Relationship between Rational Choice Factors and Fake News Sharing Behaviour [J]. Telematics and Informatics, 2023, 76.

[212] Weng J, Lim E P, Jiang J, et al. Twitterrank: Finding Topic-Sensitive Influential Twitterers [C]. Proceedings of the Third ACM International Conference on Web Search and Data Mining. New York City: ACM, 2010.

[213] Wu Y, Zhou C, Xiao J, et al. Evidence for a Bimodal Distribution in Human Communication [J]. Proceedings of the National Academy of Sciences, 2010, 107 (44).

[214] Xiao Y, Li W, Qiang S, et al. A Rumor & Anti-Rumor Propagation Model based on Data Enhancement and Evolutionary Game [J]. IEEE Transactions on Emerging Topics in Computing, 2020, 10 (2).

[215] Xiao Y, Wang B, Liu Y, et al. Analyzing, Modeling, and Simulation for Human Dynamics in Social Network [C]. Abstract and Applied Analysis. Hindawi, 2012.

[216] Xiao Y, Yang Q, Sang C, et al. Rumor Diffusion Model based on Representation Learning and Anti-Rumor [J]. IEEE Transactions on Network and Service Management, 2020, 17 (3).

［217］Xie N. Social Network Analysis of Blogs ［D］. Bristol：University of Bristol, 2006.

［218］Xie T, Wei Y, Chen W, et al. Parallel Evolution and Response Decision Method for Public Sentiment based on System Dynamics ［J］. European Journal of Operational Research, 2020, 287 （3）.

［219］Yan Q, Wu L, Liu C, et al. Information Propagation in Online Social Network based on Human Dynamics ［C］. Abstract and Applied Analysis. Hindawi, 2013.

［220］Yan Q, Wu L, Zheng L. Social Network based Microblog User Behavior Analysis ［J］. Physica A：Statistical Mechanics and its Applications, 2013, 392 （7）.

［221］Yan Q, Yi L, Wu L. Human Dynamic Model Co-Driven by Interest and Social Identity in the MicroBlog Community ［J］. Physica A：Statistical Mechanics and its Applications, 2012, 391 （4）.

［222］Yang F, Yang S, Peng Y, et al. Locating the Propagation Source in Complex Networks with a Direction-Induced Search based Gaussian Estimator ［J］. Knowledge-Based Systems, 2020 （195）.

［223］Zan Y, Wu J, Li P, et al. SICR Rumor Spreading Model in Complex Networks：Counterattack and Self-resistance ［J］. Physica A：Statistical Mechanics and its Applications, 2014 （405）.

［224］Zanette D H. Dynamics of Rumor Propagation on Small-world Networks ［J］. Physical Review E, 2002, 65 （4）.

［225］Zang W, Zhang P, Zhou C, et al. Locating Multiple Sources in Social Networks under the SIR Model：A Divide-and-Conquer Approach ［J］. Journal of Computational Science, 2015 （10）.

［226］Zhang M, Qin S, Zhu X. Information Diffusion Under Public Crisis in BA Scale-Free Network based on SEIR Model—Taking COVID-19 as an Example ［J］. Physica A：Statistical Mechanics and its Applications, 2021 （571）.

［227］Zhang N, Huang H, Duarte M, et al. Risk Analysis for Rumor Propagation in Metropolises based on Improved 8-state ICSAR Model and Dynamic Personal Activity Trajectories ［J］. Physica A：Statistical Mechanics and its Applications, 2016 （451）.

［228］Zhang N, Huang H, Su B, et al. Dynamic 8-state ICSAR Rumor Propagation Model Considering Official Rumor Refutation ［J］. Physica A：Statistical

Mechanics and its Applications, 2014 (415).

[229] Zhang Y, Xu J, Nekovee M, et al. The Impact of Official Rumor-Refutation Information on the Dynamics of Rumor Spread [J]. Physica A: Statistical Mechanics and its Applications, 2022 (607).

[230] Zhang Y, Xu J. A Dynamic Competition and Predation Model for Rumor and Rumor-Refutation [J]. IEEE Access, 2020 (9).

[231] Zhao L, Wang Q, Cheng J, et al. The Impact of Authorities' Media and Rumor Dissemination on the Evolution of Emergency [J]. Physica A: Statistical Mechanics and its Applications, 2012, 391 (15).

[232] Zhao L, Qiu X, Wang X, et al. Rumor Spreading Model Considering Forgetting and Remembering Mechanisms in Inhomogeneous Networks [J]. Physica A: Statistical Mechanics and its Applications, 2013, 392 (4).

[233] Zhao L, Wang J, Chen Y, et al. SHIR Rumor Spreading Model in Social Networks [J]. Physica A: Statistical Mechanics and its Applications, 2012, 391 (7).

[234] Zhao X, Wang J. Dynamical Behaviors of Rumor Spreading Model with Control Measures [J]. Abstract and Applied Analysis, 2014.

[235] Zhao X, Huang B, Tang M, et al. Identifying Effective Multiple Spreaders by Coloring Complex Networks [J]. Europhysics Letters, 2015, 108 (6).

[236] Zhao Z, Xia H, Shang M, et al. Empirical Analysis on the Human Dynamics of a Large-Scale Short Message Communication System [J]. Chinese Physics Letters, 2011, 28 (6).

[237] Zheng M, Lü L, Zhao M. Spreading in Online Social Networks: The Role of Social Reinforcement [J]. Physical Review E, 2013, 88 (1).

[238] Zhou Q, Wu Z, Altalhi A H, et al. A Two-Step Communication Opinion Dynamics Model with Self-Persistence and Influence Index for Social Networks based on the Degroot Model [J]. Information Sciences, 2020 (519).

[239] Zhu K, Ying L. Information Source Detection in the SIR Model: a Sample-Path-Based Approach [J]. IEEE/ACM Transactions on Networking, 2014, 24 (1).